**DER EWIGE
PROTEST**

JÖRG LAUSTER

Der ewige Protest

Reformation als Prinzip

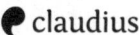
claudius

INHALT

DER ANDERE BLICK   7

DIE REFORMATION FRISST IHRE KINDER   9

  1. Reformation als Depression   9

  2. Befreiung aus babylonischer
     Gefangenschaft: Martin Luther   12

  3. Über Luther hinaus:
     Die Reformationen Europas   19

  4. Der vergessene Schatten der
     Reformation   28

  5. Die ewige Gefangenschaft der Kirche   33

VOM SINN DER REFORMATION   43

  1. Alles bricht: Reformation als Epochenzäsur   44

  2. Alles fließt: Der Neuprotestantismus als
     veränderte Fortführung der Reformation   51

REFORMATION HEUTE 63

  1. Jubiläumsrauschen 63

  2. Verlustangst und Gedankenverarmung:
    Die babylonische Gefangenschaft
    der Kirche heute 69

  3. Ecclesia semper reformanda:
    Denkende Frömmigkeit 83

  4. Gestaltwandel und Aufbruch der Kirche 104

WEITER UND WEITE: DIE REFORMATION
ALS ÖKUMENISCHES PRINZIP 121

RELIGION FÜR FREIE GEISTER 137

Endnoten 140

Der andere Blick

Ein halbes Jahrtausend Reformation bietet willkommen Anlass, über Herkunft und Zukunft des europäischen Christentums nachzudenken. In dem vielstimmigen Jubiläumschor ist von Seiten der evangelischen Kirche eine Stimme nur sehr leise zu hören, die einstmals zum Vornehmsten gehörte, das den Protestantismus auszeichnete. Der liberale Kulturprotestantismus sieht sich als Fortführung des Reformatorischen unter den Bedingungen der Moderne. Er steht für eine Religion, die ohne Heldenverehrung ihrer Vätergestalten, ohne eifernden Dogmatismus und ohne institutionelle Selbstgefälligkeit auskommt. Der liberale Kulturprotestantismus lebt unter Berufung auf die christliche Freiheit von einer Offenheit des Christentums gegenüber Welt und Kultur, er praktiziert ökumenische Aufgeschlossenheit und bestärkt Christinnen und Christen, in nachdenklicher und weiter Religiosität ihr Leben vor Gott und den Menschen zu führen. Man hat dieser Haltung viele Namen gegeben: liberale Theologie, Kulturprotestantismus und Neuprotestantismus. Sie alle treffen Aspekte und doch nie das Ganze. Wie immer man diesen anderen Blick nennt, eine Erinnerung verdient er allemal – in der religiösen Lage unserer Tage mehr denn je. Man kann aus liberaler Perspektive schwerlich mit allem einverstanden sein, was das Reformationsjubiläum zutage fördert. Der Aufwand der Feierlichkeiten ist immens, die Botschaft jedoch alles andere als klar. Auf Nachdenklichkeit und Tiefgang, nicht auf Lautstärke zielt die liberale, kulturprotestantische Perspektive. Denn der andere Blick auf das halbe Jahrtausend Reformation ermuntert zur Besinnung auf das, was den Protestantismus auszeichnet: denkende Frömmigkeit und Mut zum Gestaltwandel.

Die Reformation frisst ihre Kinder

1. REFORMATION ALS DEPRESSION

Am Ende waren es nur noch wenige. Erschöpft von einem langen, glühenden Sommer war die Natur, müde von einem ereignisreichen Leben war der einst mächtigste Mann seiner Zeit. An einem heißen Septembertag im Jahre 1558 starb Kaiser Karl V., zurückgezogen mit wenigen Vertrauten in einem abgelegenen Kloster in der Extremadura, fernab vom Treiben seines einstigen Hofes. Eineinhalb Jahre später wollte in Wittenberg der Frühling nicht kommen, feuchte Kälte drang bis über Ostern in Häuser und Knochen. Am 19. April 1560 starb Philipp Melanchthon im Kreise der Seinen. Er hatte es kommen sehen, Fieber und Husten waren nicht mehr abzuschütteln. Auf seinen letzten Zettel notierte er sich, warum er den Tod nicht zu fürchten hatte: „Du wirst befreit von aller Mühsal und entkommst der Wut der Theologen."[1]

Karl V. und Philipp Melanchthon, Menschen wie sie unterschiedlicher kaum sein könnten, zählen zu den großen Protagonisten der Ereignisse der Reformation, der eine als der mächtigste Verteidiger des alten, der andere als der klarste Lehrer des neuen Glaubens. Über beider Lebensende lag der Schatten der Resignation. Karl V. hatte sich wenige Jahre zuvor vom Amt des Kaisers in das Kloster zurückgezogen, ein Verzicht, den die Reichsverfassung noch nicht einmal als Möglichkeit vorgesehen hatte. Auf die Zeitgenossen konnte das kaum weniger spektakulär gewirkt haben, als der Rücktritt des Papstes Benedikt XVI. in unseren Tagen. Die Gründe für Karls Rückzug waren vielfältig und mitunter sehr persönlicher Art. Dazu zählten aber auch die rasanten religiösen Zerwürfnisse in seinem großen Reich, von dem der junge Kaiser einst kühn behauptete, dass in ihm niemals die Sonne unterginge. Gut dreißig Jahre später musste Karl einsehen, dass er als der Kaiser in die Geschichte eingehen würde, unter dessen Regentschaft die Einheit des christlichen Abendlandes auseinanderbrach. Müde war auch Philipp

Melanchthon am Ende seiner Tage. Seine Sehnsucht, von der Wut der Theologen befreit zu werden, gewährt tiefe Einblicke. Als junger, hoffnungsvoller Gelehrter war er nach Wittenberg gekommen, von Anfang an war er fasziniert von Luthers Einsichten und Absichten, die Kirche von Grund auf im Geiste Christi zu reformieren. Der andere Blick auf die Reformation kann die Augen davor nicht verschließen: Karl V. und Melanchthon eint, dass sie in einer Zeit lebten, die die Hoffnungen und Träume ihrer Jugend in wenigen Jahrzehnten in Nichts auflöste. Im Reich der niemals untergehenden Sonne war eine Generation später die Einheit des Christentums untergegangen.

2. BEFREIUNG AUS BABYLONISCHER GEFANGENSCHAFT: MARTIN LUTHER

Am Anfang stand die Hoffnung. Die Klage über die Reformbedürftigkeit der Kirche lag seit dem späten Mittelalter allgegenwärtig in der Luft. Doch aus der drängenden Sehnsucht nach Erneuerung der Kirche allein kann die Reformation in ihrer historischen Ereignisabfolge nicht abgeleitet werden. Sie ist gebunden an die Wirkkraft einer Person. Luthers Auftreten ist ein Lehrstück dafür, dass es an entscheidenden Wendepunkten Personen und nicht Strukturen oder abstrakte Kräfte sind, die der Geschichte ihre Richtung geben. Dies ist das Einfallstor des Unberechenbaren in den Lauf der Welt. Luther hat im Rückblick ein Sommergewitter zu seiner entscheidenden Lebenswende gemacht. Die Angst vor Blitz und Donner rang ihm das Gelübde an die heilige Anna ab, in ein Kloster einzutreten, wenn er von den Naturgewalten verschont bliebe. Der Klostereintritt wiederum führte Luther mitten hinein in die theologischen und religiösen Unruhen seiner Zeit. Hätte an jenem 2. Juli 1505 auf einem Feld vor Erfurt der Blitz Luther erschlagen, oder wäre das Gewitter vorübergezogen, die Welt hätte nichts weiter von dem damaligen Jurastudenten erfahren. Blitzeinschläge sind für Meteorologen eine Herausforderung, aber eben auch für alle Philosophien und Theologien der Geschichte. Sie stehen für das Unberechenbare und Überraschende, das sich im Lauf der Dinge immer wieder einstellt. Aus der uns möglichen Perspektive ist Luthers Auftreten nicht das Resultat einer göttlichen Routenplanung für die Weltgeschichte. Die Reformation hatte viele Wegbereiter und Vorläufer. Doch wie Luther deren Anliegen wortgewaltig und charismatisch auf den Punkt brachte, war nicht vorhersehbar und damit auch nicht die Gestalt und Form, die er der kirchlichen Erneuerungsbewegung gab. In dem historisch Überraschenden seines Auftretens liegt die Größe Martin Luthers. Er rang seiner Lebenserfahrung Einsichten ab, die vielen aus dem Herzen sprachen, und er hatte die Kraft und die Energie, für diese Einsichten zu kämpfen. Darin ist Luther auch für den Neuprotestantismus eine prägende Gestalt. Liberale Theologen nannten ihn einen religiösen Virtuosen oder ein religiöses Genie.

Worin diese Genialität besteht, dokumentieren anschaulich seine reformatorischen Frühschriften. Drei Jahre nach seinen Wittenberger Thesen war Luther inzwischen weit über die Kritik des Ablasswesens und seiner finanziellen Instrumentalisierung hinausgegangen. Gewaltig in der Sprache, klar im Urteil und frisch in den eigenen Vorschlägen machte Luther 1520 die Freiheit zu seinem zentralen Thema. Die Schrift *Von der Freiheit eines Christenmenschen* trägt das Programm unübersehbar im Titel. Die christliche Religion basiert Luther zufolge auf der Gewissheit, dass Christus in den Herzen der Menschen gegenwärtig ist. Diese Präsenz ist nichts, was der Mensch aus eigener Kraft erzeugen kann, sie ist ihm geschenkt. Er kann nichts tun und muss darum auch nichts tun, er weiß sich immer schon getragen und aufgehoben in einem höheren Grund der Wirklichkeit – und das macht ihn frei, frei gegenüber Gott als tragendem Grund seines Daseins und frei gegenüber der Welt und den Menschen, denen er sich dienstbar zuwenden kann. Luther erhebt darin die Religion zu etwas, was den Einzelnen in seinem Innersten berührt und als Person bestimmend prägt. Aus diesem Ansatz erklären sich wesentliche Elemente seines reformatorischen Aufbruchs. Diese grandiose Aufwertung des Individuums hat Luther nicht an der Kirche vorbei gedacht. Der Mensch bedarf der Kirche, ihrer Verkündigung und ihrer Gemeinschaft, um sich der tragenden Gewissheit göttlicher Gegenwart in seinem Herzen und in der Welt zu versichern, aber die Kirche hat darin eine allein dienende Funktion, sie ermöglicht und hilft, sie ist nicht selbst die gewährende Geberin und Gönnerin menschlicher Erlösung.

Von dieser Einsicht bestimmt gibt Luther dem Leben in der Welt eine neue religiöse Bedeutung. Das Christentum ist nicht beschränkt auf die Mauern der Kirche, sondern wirkt hinein in die Welt im Lichte christlicher Ideale. Diese Weltgestaltung ist Aufgabe eines jeden einzelnen Christen. Die Unmittelbarkeit zu Gott begründet eine innere Freiheit, diese Freiheit drängt für Luther nach Verwirklichung im alltäglichen Leben. Das hebt die Unterscheidung zwischen Laie und Priester als theologisch legitimierten Standesunterschied auf. Allen Christinnen und Christen ist es gleichermaßen aufgetragen, diese Freiheit umzusetzen und auf je ihre Art an dem Ort, an dem sie in die Welt gestellt sind, den Geist des Christentums Wirklichkeit werden zu lassen. Dieser Anspruch erklärt eine Reihe hoch aufgeladener biographischer Entscheidungen Luthers in der frühen Phase der Reformation. Mit Recht sagt man, Luther verließ das Kloster, weil er die ganze Welt zu einem Kloster machte. Nicht in der abgeschiedenen

Klosterzelle, sondern in der Welt ist das Christentum zu leben. Wenig später heiratete der ehemalige Mönch die ehemalige Nonne Katharina von Bora. In den Zwanzigerjahren des 16. Jahrhunderts war das eine Klatschmeldung erster Güte – ein von Luther vermutlich gerne in Kauf genommener publizistischer Nebeneffekt. Die Eheschließung war aber auch Teil des Programms, das Christsein in der Welt und damit auch im Alltag des Familienlebens zu realisieren.

Die religiöse Aufwertung des Einzelnen macht schließlich die Bildung zu einem besonderen Anliegen Luthers. Der Geist des Christentums kann in der Welt nur realisiert werden, wenn man ihn kennt. Luther hat mit Gespür christliche Grundüberzeugungen in Schriften wie dem *Kleinen Katechismus* so elementarisiert, dass sie weite Verbreitung fanden. Theologisches Nachdenken ist nach Luthers Überzeugung eine gemeinchristliche Aufgabe. Die Verbesserung der religiösen Bildung zog natürlich auch Konsequenzen für die Ausbildung der Pfarrer und Lehrer nach sich. Die Akademisierung der Pfarrer ist eine Folge dieses Bildungsanspruchs. Hier einzuordnen ist eine der wichtigsten Kulturleistungen Luthers, die deutsche Bibelübersetzung. Auch sie ist motiviert von dem Gedanken, dass jede Christin und jeder Christ Zugang zur Bibel haben muss und dies nicht allein einem besonderen Berufsstand vorbehalten sein kann. Luther ist weder der erste noch der einzige Übersetzer der Bibel ins Deutsche, aber mit seinem Sinn für den Rhythmus der Sprache und ihre Bildkraft fand er Worte, die im Laufe der Jahrhunderte vielen zu einer religiösen Heimat wurden.

Luthers Aufbruch galt der Sorge um das, was seiner Auffassung nach mit dem Christentum eigentlich gemeint war, und wie wenig er davon tatsächlich verwirklicht sah. Die Kritik an den bestehenden kirchlichen Verhältnissen ist die Kehrseite seines Erneuerungsprogramms. Sie basiert auf einer Einschätzung der theologischen Bedeutung der Kirche, die nichts weniger als eine Revolution darstellt. Das hatte sich in der Freiheitsschrift und zuvor schon in Traktaten und Disputationen angekündigt, aber Luther wusste um die Wichtigkeit des Themas und nahm es sich noch einmal eigens vor. Die Schrift *Von der babylonischen Gefangenschaft der Kirche* ist eine Revolution des Kirchenverständnisses. Schon der Titel ist ein kräftiges Bild. Die alttestamentliche Erzählung von der Gefangenschaft des Volkes Israel in Babylon ist eine tiefgründige theologische

Geschichtsdeutung historischer Vorkommnisse im 6. Jahrhundert vor Christus. Die heilige Stadt Jerusalem wird von den Babyloniern zerstört und die Bevölkerung mehrheitlich nach Babylon deportiert. Die alttestamentlichen Texte interpretieren die politische und militärische Katastrophe theologisch als notwendige Strafe für die Schwäche und Schuld des Volkes Israel gegen Gottes Gesetz zum Leben. Babylonische Gefangenschaft – das ist nicht einfach nur Gefangenschaft, das ist selbstverschuldete Gefangenschaft und der Verlust all dessen, was eigentlich hätte sein können. Mit den Anfangsversen des 137. Psalms hält Luther seiner Zeit einen Spiegel vor. So, wie einst die Israeliten an den Wassern zu Babel saßen und weinten, wenn sie an Zion dachten, so sitzt Luther danieder und weint darüber, was mit der Kirche von Gott gemeint war und was daraus geworden ist.[2]

Luther listet die Ausmaße der babylonischen Gefangenschaft der Kirche an drei wichtigen Aspekten auf. Es sind Variationen über ein Grundthema: Die Freiheit des christlichen Glaubens widerspricht der Vorstellung von der Kirche als einer sakramentalen Heilsvermittlungsanstalt. Durch eine übertriebene Doktrinalisierung presse man, so Luthers erster Einwand, das Geheimnis göttlicher Gegenwart in eine theologische Begriffssprache. Luther bestreitet nicht die göttliche Präsenz im Sakrament als grundlegendes Zeichen göttlicher Gegenwart in der Welt, er wendet sich aber dagegen, diese Gegenwart mit dem Dogma der Transsubstantiation der Abendmahlselemente Brot und Wein in Leib und Blut Christi begrifflich domestizieren zu können. Zweitens habe die Kirche die Funktion des Gottesdienstes verdreht, sie mache aus ihm ein Opfer, eine menschliche Tat, und verdunkle damit den eigentlichen Sinn. Der Gottesdienst ist das immerwährende Geschenk der göttlichen Verheißung. Drittens schließlich sei die Kirche gefesselt in ihrem dauerhaften Streben nach Gewinn, das Ausdruck eines Verlangens nach institutioneller Selbsterhaltung ist. Diese Kritikpunkte trafen das römische Kirchenverständnis ins Mark.

3. ÜBER LUTHER HINAUS: DIE REFORMATIONEN EUROPAS

Die Schrift *Von der babylonischen Gefangenschaft der Kirche* zeigt eindrücklich, worin Luthers Bedeutung für die Geschichte des Christentums bis heute liegt. Mit Kraft erinnert er an den Geist des Christentums, der in den realen kirchlichen Erscheinungsformen verloren gegangen, überdeckt oder gar absichtlich abgedrängt erscheint. Der andere Blick der liberalen Perspektive sieht in Luthers Größe jedoch zugleich auch seine Grenze. Für das epochale Ereignis der Reformation ist Luther eine wichtige Gestalt, und doch war am Ende die Reformation etwas Umfassenderes als allein Luther. Denn der Geist des Christentums, an den er appellierte, war und ist größer als er selbst.

Luthers Botschaft enthielt viele Signale zum Aufbruch. Die Bauern nahmen seinen Appell an die Freiheit politisch auf und kämpften dafür, ihrer Abhängigkeit vom Adel und ihren Frondiensten ein Ende zu bereiten. Der Bauernkrieg ist die unmittelbar größte soziale Folge der Reformation, er wurde 1525 blutig niedergeschlagen. Schon zuvor war jedoch das explosive Potential ablesbar. Während sich Luther nach den Ereignissen des Wormser Reichstags im Winter 1521/22 auf der Wartburg verborgen halten musste, kam es in Wittenberg und auch anderswo zu Tumulten. Priester wurden während der Messe attackiert, Bilder und Altarausstattungen in den Kirchen zerstört, religiöse Bräuche in karnevalesken Inszenierungen verspottet. Nichts mehr sollte im neuen Christentum sein wie im alten. Die reformatorischen Bilderstürme, zu denen nicht nur die Zerstörung von Kirchenausstattung gehörte, sondern auch die Verdammung kirchlichen Brauchtums bis hin zu liturgischen Gewändern, sind religionsgeschichtlich bemerkenswert ambivalent. Sie gehen einerseits zurück auf theologische Bedenken und die Orientierung an einem Ideal biblischer Reinheit, in ihnen entlädt sich andererseits aber auch ein aufgestauter Hass auf alles Kirchliche überhaupt. Auch das ist eine Seite der Reformation.

Schematisch fasst man unter dem Begriff Täufer und Schwärmer alle jene in sich unterschiedlichen Strömungen zusammen, die Luthers Idee der Unmittelbarkeit der Person zu Gott und das reformatorische Ideal, das Christentum in seiner Reinheit wiederherzustellen, in eine ganz andere Richtung ausformten. Die Täuferbewegungen lehnten die Kindertaufe als magischen Brauch ab, da die Kleinkinder naturgemäß die Taufe nicht als eine öffentliche Entscheidung für Gott vollziehen konnten. Es ging dabei nicht nur um die Korrektur eines kirchlichen Ritus, sondern um das Ideal einer konsequenteren Umsetzung christlicher Gebote. Die Schwärmer oder

Spiritualisten wiederum führten in vielem Vorstellungen der mittelalterlichen Mystik fort. Sie erfuhren den göttlichen Geist als eine starke Kraft in der Welt, die nicht allein an biblische Worte, Sakramente oder überhaupt an die Institution der Kirche gebunden ist. Liberale Theologen wie Rudolf Otto oder Ernst Troeltsch sprachen darum mit Sympathie von diesem Flügel der Reformation und betonten dessen Antriebskräfte für eine moderne Religionspraxis.

Viele Gelehrte hofften, die Erneuerung des Christentums könne in ruhigen und friedlichen Bahnen verlaufen. Der berühmteste Humanist seiner Zeit, Erasmus von Rotterdam, war durchaus in der Lage, die kirchlichen und theologischen Missstände seiner Zeit ebenso schonungslos wie sarkastisch anzuprangern. Die Überzeugung, dass das Christentum das innere Anliegen haben muss, die Bildung seiner Glaubenden zu verbessern, teilte er voll und ganz mit Luther. Aber über den Menschen an sich dachten sie unterschiedlich. Erasmus war zwar nicht blauäugig und machte sich über die grundsätzlichen Schwächen der menschlichen Gattung keine Illusionen, aber als geistiges Kind der Renaissance vertraute er im Geist des Humanismus auf die guten Kräfte und Anlagen des Menschen und hoffte darum auch, dass diese sich innerhalb der Kirche und nicht als Gegenbewegung zu ihr zur Erneuerung des Christentums durchsetzen würden. In der Ahnengalerie des Kulturprotestantismus haben die Renaissance und der Humanismus darum vornehme Plätze.

Vom Humanismus stark beeinflusst waren die Entwicklungen in der Schweiz, dennoch stand am Anfang ein öffentlich kirchenkritischer Akt, der eher an die Unruhen in Wittenberg erinnert. Am ersten Fastensonntag 1522 lud ein Zürcher Drucker zu einem öffentlichen Wurstessen und damit zu einem Bruch des Fastengebots ein. Zwingli nahm daran teil, und ob er nun selbst die Wurst verzehrte oder nicht – eine Frage, die Gelehrte bis heute beschäftigt –, er stieg rasch zum Wortführer der Zürcher Reformation auf. Zwingli selbst versicherte, dass seine theologischen Einsichten in ihm unabhängig von Luther reiften. Die Akzente jedenfalls, die er der reformatorischen Bewegung gab, sind unverkennbar anders. Sicht- und hörbar war Zwinglis rigorose Ablehnung von Kunst und Musik, theologisch legte er auf die Geltung des alttestamentlichen Gesetzes ein größeres Gewicht und bezog in der Abendmahlsfrage eine Position, die seiner Auffassung nach Luthers Inkonsequenz auflöste und die göttliche Gegenwart nicht in die Abendmahlselemente hinein, sondern in das Bewusstsein der Glaubenden verlegte.

Seine große Verehrung für Luther bekundete hingegen Zeit seines Lebens der in seiner Wirkung bedeutendste Reformator in der Schweiz, der Franzose Johannes Calvin. Calvin war ein Theologe von strenger Klarheit und ein Kirchenführer von unerbittlichem Rigorismus. Unter dem Motto der Kirchenzucht ging er in der praktischen Umsetzung dessen, was seiner Auffassung nach als ein christliches Leben zu gelten hat, am weitesten. Bis tief hinein in das Private versuchte er die Lebensführung der Genfer zu regeln und zu überwachen. Einen Leugner der Trinitätslehre, den spanischen Arzt Miguel Servet, ließ er zum Tode verurteilen und verbrennen. Spätestens damit hatte die Reformation ihre Unschuld verloren. Die Protestanten, einst aufgestanden als Gegner kirchlicher Macht und Gewalt, unterschieden sich in der gewaltsamen Auslöschung ihrer theologischen Gegner nun in nichts mehr von der römischen Kirche. Calvin kannte weder Güte noch Kompromiss. Das böse Bild, das Stefan Zweig von ihm in seinem Buch *Castellio gegen Calvin* gezeichnet hat, dürfte historisch viel Richtiges enthalten.

Calvin ist ein erstaunliches Phänomen. Als

Charakter und persönliche Erscheinung hat er wenig Anziehendes und viel Abstoßendes, und doch ist seine Vorstellung der Reformation des Christentums weltweit erfolgreicher geworden als die lutherische. Noch zu Calvins Lebzeiten setzte der pfälzische Kurfürst Friedrich III. die calvinistische Gestalt der Reformation in seinem Territorium durch, die das Lutherische ergänzen, wenn nicht gar ablösen sollte. Dieses Programm einer „Zweiten Reformation" machte in Deutschland bis ins 17. Jahrhundert Schule, die Einführung im Kurfürstentum Brandenburg mit prägender Wirkung für das spätere Königreich Preußen ist der prominenteste Fall. Die Herrscher erhofften sich von der Zuwendung zum Calvinismus eine konsequentere Durchdringung des christlichen Lebens – und damit auch eine Verbesserung ihres Staatswesens. Der Calvinismus brachte die faszinierende Idee in die Welt, das Christentum unbeirrt und umfassend in der individuellen Lebenspraxis zu realisieren. Der Traum eines konsequent den Menschen und die Welt verbessernden Christentums fand dann auch rasch Anhänger in Frankreich, den Niederlanden, Schottland und innerhalb der englischen Reformation. Die Puritaner verbanden Calvinismus und Täufertum miteinander und prägten ab dem 17. Jahrhundert mit dem Ideal eines ernsthaft und konsequent vollzogenen christlichen Lebens die Religionslandschaft in Amerika nachhaltig. Dies alles gehört auch zur Reformation, und hat doch mit Luther nur noch mittelbar zu tun.

Schließlich ist die Reformation auch an der katholischen Kirche nicht einfach spurlos vorübergezogen. Der lange etablierte Begriff „Gegenreformation" macht die Dinge einfacher als sie sind. Die katholische Kirche hat sich nicht einfach nur gegen Luther gestellt, sie hat sich theologisch und auch institutionell neu formiert. Denkwürdig dokumentiert ist das in den Texten des Konzils von Trient, das zwischen 1545 und 1563 tagte. Darin werden Positionen wie die Stellung der Bibel für den Glauben oder die Bedeutung der lutherischen Rechtfertigungslehre nicht einfach nur abgelehnt, sondern mit eigenen theologischen Entwürfen beantwortet. Dem *sola scriptura* wird ein Zusammenwirken von Schrift und Tradition gegenübergestellt, dem *sola gratia* eine gestufte Gnadentheologie, die göttliche Alleinwirksamkeit und menschliche Betätigung miteinander verbindet. Zudem entwerfen die Konzilsväter eine Kulturtheologie, die Musik und vor allem die Kunst theologisch angeleitet in den Dienst der christlichen

Verkündigung stellt und damit zu wesentlichen Teilen den Barock als Kulturform vorbereitet. Die katholische Kirche um 1600 war definitiv eine andere als um 1500.

Die Reformation ist eine der großen Epochenzäsuren des Christentums, in der nachher nichts mehr war wie vorher. Die Sehnsucht und das Verlangen, das Christentum zu erneuern, zu seinen Wurzeln zurückzuführen, seine Ideale in die Wirklichkeit des Alltags zu bringen und entsprechend verwandelte Gesellschaften zu formen, glich einer grandiosen Entfesselung unterschiedlichster Kräfte. Reformation heißt immer auch Plurifizierung des Christentums. Dass man reichsrechtlich lange nur eine Unterscheidung in Katholiken und Lutheraner zuließ, ändert nichts daran: Es gab viele Reformationen, die der Bauern, die der Täufer und Schwärmer, die der Humanisten, die der Zwinglianer und Calvinisten und schließlich sogar eine katholische. In Deutschland genießt die Wittenberger Reformation Luthers immer noch eine singuläre Stellung, international ist es aber längst üblich geworden, von Reformationen im Plural zu sprechen. Es gab viele Aufbrüche zur Erneuerung der Kirche im 16. Jahrhundert, sie alle wirken auf unterschiedliche Weise fort. Der andere

Blick aus der liberalen Perspektive macht Luthers Bedeutung nicht kleiner, sondern die anderen Strömungen der Reformation größer.

4. DER VERGESSENE SCHATTEN DER REFORMATION

Im Reformationszeitalter kamen Kräfte ans Licht, die weit über Luther hinausgingen. Wo immer Kräfte wirken, gibt es beides: Aufbau und Zerstörung. Im deutschsprachigen Protestantismus gibt es eine Neigung, erstens Luthers Rolle chronisch zu überschätzen und im selbst erzeugten Glanz seiner Person zweitens die düstere Seite des Reformationszeitalters abzudrängen.

Der Übergang von der Reformation zu den Reformationen bahnte sich bereits zu Luthers Lebzeiten an. Die von ihm direkt oder indirekt angeregten Aufbrüche hat er allesamt miterlebt und er hat sie allesamt abgelehnt und bekämpft. Bald nach dem Ausbruch des Bauernkriegs erschrak er über die Revolte, die man unter Berufung auf seine Freiheitsschrift anfing, und empfahl dem Adel, gewaltsam ‚wider die mörderischen und räuberischen Rotten der Bauern' vorzugehen. Die religiösen Ereignisse in Wittenberg beunruhigten ihn so sehr, dass er die Wartburg verließ, dem bilderstürmenden Treiben ein Ende bereitete und dafür sorgte, dass die radikalen Anführer Wittenberg verlassen mussten. Für Täufer und Spiritualisten hatte er nichts übrig, er hielt sie für gefährliche Schwärmer. Mit Erasmus geriet er in Streit über die Willensfreiheit und das Menschenbild. Damit zerschnitt er das Band zwischen Luthertum und Humanismus. Dass es nicht zum völligen Bruch kam, ist allein das Verdienst Philipp Melanchthons. Nachdem Luther Erasmus abgefertigt hatte, zeigte er sich wenige Jahre später gegenüber Zwingli unerbittlich in der Abendmahlsfrage. Als schließlich noch zu seinen Lebzeiten die Pläne zu einem Konzil aufkamen, dachte er – auch hier anders als sein gesprächsbereiter Mitstreiter Melanchthon – nicht im Entferntesten daran, an einem Konzil der Papisten und der Anhänger des Antichristen in Rom teilzunehmen. Luther nimmt mit seiner Abwehr gegen die aufkommenden Reformationen eine Mittelstellung zwischen der römischen Kirche und den reformatorischen Aufbrüchen ein. Das macht die Ambivalenz der lutherischen Reformation aus. Sie hat eine konstruktiv bewahrende Seite und ist am Ende doch in ihrem Aufbruch auf halbem Wege stehen geblieben.

Persönlich hat Luther kräftig nach beiden Seiten gebellt und gebissen, sowohl nach der römischen Kirche als auch nach den anderen reformatorischen Aufbrüchen. Diese Haltung hat entsprechend ambivalente Reaktionen hervorgerufen. An Stimmen, die ihn für einen zänkischen und sturen Charakter hielten, hat es auch innerhalb des Protestantismus nie gefehlt. Überwiegend pries man ihn jedoch als tapfer und standhaft, früher bezeichnete man ihn gerne als teutonisch-mannhaft, heute nennt man es profilbildend. In beiden Fällen erhofft man sich von ihm bleibende Erneuerung für die je eigene Gegenwart. Luther hat am Werden der Reformation maßgeblichen Anteil, er gab ihr entscheidende Anstöße. Das Prinzip der Reformation wird in seiner historischen Gestalt sichtbar. Aber bei aller Bedeutung, die ein Individuum für den Verlauf der Geschichte haben kann, am Ende ist die Geschichte gewaltiger. Schon zu seinen Lebzeiten haben die Ereignisse an Fahrt aufgenommen, die Luther zwar noch lenken wollte, aber nicht mehr lenken konnte.

Aus heutiger Sicht kann man über den dogmatischen Eifer jener Zeit nur staunend den Kopf schütteln. Für Berufsökumeniker ist es heute nicht sehr schwer, in den damals strittigen Fragen etwa zum

Abendmahlsverständnis, dem Messopferverständnis oder dem finanziellen Missbrauch des Ablasswesens eine Verständigung zu erzielen. Die lutherischen und reformierten Kirchen pflegen spätestens seit dem 20. Jahrhundert überwiegend die volle Kirchengemeinschaft. Diese Entwicklungen sind dem Lauf der Zeit zu verdanken, im 16. Jahrhundert war trotz einiger mahnender und besonnener Geister nichts davon in Sicht. Luthers ablehnende Haltung zu den Reformationen um ihn herum muss man nicht eigens psychologisch oder charakterlich erklären. Es ist naiv, anzunehmen, Luther hätte mit etwas mehr gutem Willen wenigstens die evangelische Sache einen und mit vielleicht sogar noch mehr gutem Willen die Kirche insgesamt reformieren können, ohne sie zu spalten. Luther mag als Einzelgestalt herausragen, am Ende war er doch ein Kind seiner Zeit – einer uns sehr fernen und darum fremden Zeit. Die Reformationen des 16. Jahrhunderts haben Dinge in Gang gesetzt, die für das Christentum vieles zum Besseren wendeten. Reformation ist Licht, Reformation ist aber auch Schatten.

Das Ende der Einheit des Christentums ist die offensichtlichste Kehrseite der Reformation, die Geburt einer ganz neuen Art des religiösen Eifers ihre offensichtlich fatalste. Calvin ist das sinnfälligste Symbol des düsteren Mannes mit langem Bart, der nur seine Meinung duldet und deren Durchsetzung bis in das Privateste hinein kompromisslos vorantreibt. Dass im Gefolge der Aufklärung diese finsteren Gestalten der Religion verschwanden, zählt zu den ermutigenden, dass sie ab dem späten 20. Jahrhundert in sogar phänotypisch überraschender Ähnlichkeit in anderem Namen und an anderen Orten wieder auftauchen, zu den bitteren Erfahrungen, die man in der Geschichte der Religionen machen kann.

Im Reformationszeitalter war der religiöse Eifer allgegenwärtig und dominant, die freie Disputation der Gelehrten war verkommen zu einer Fehde von unnachgiebigen Rechthabern, die den Gegner auch physisch bekämpften. Aus einer großen Aufbruchsbewegung wurde kleinkariertes theologisches Gezänk, alles Großzügige und Barmherzige war aus dem Christentum ausgetrieben. Aus dem theologischen Streit wurde bald rohe Gewalt, aus roher Gewalt Entmenschlichung und Dezivilisierung. Die Reformation stürzte Europa ins Chaos, sie fraß ihre Kinder und auch die der anderen. In Italien und Spanien wurden alle Formen von freier Religiosität mit harter Gewalt unterdrückt, England und Frankreich versanken in blutigen Bürgerkriegen, die deutschen Territorien verwüstete schließlich der Dreißigjährige Krieg. Offensichtlich ahnten Karl V. und Melanchthon am Ende ihrer Tage etwas vom Kommen dieser Schrecken. Erst das Licht der Vernunft führte das Christentum wieder heraus aus dem Schlamm der europäischen Religionskriege mit dem Anspruch, der in unseren Tagen gültiger ist denn je: Es bedarf der Klarheit der Vernunft, um Religion zu zähmen und aus ihr eine humane Kraft zu machen.

5. DIE EWIGE GEFANGENSCHAFT DER KIRCHE

Die Entwicklungen des 16. Jahrhunderts sind in mehrfacher Hinsicht religionsgeschichtlich und theologisch aufregend. Die explosive Vervielfältigung der Reformationen zeugt von einer immensen Dynamik. Die Reformation konnte nicht einfach zum Ziel kommen durch die Abstellung der offensichtlichsten Missstände. Noch im Reformationszeitalter selbst bildet sich die Auffassung aus, dass die Kirche dauerhaft zu reformieren sei: *Ecclesia semper reformanda.*[3] Das ist eine bemerkenswerte Selbsteinschätzung innerprotestantischer Unruhe, Ausspruch eines nie zum Verstummen zu bringenden Protests. Die Sache der Erneuerung des Christentums war weder mit Luther noch mit Calvin noch mit einer anderen Figur zu einem Ende gebracht, sondern wurde stets über sich hinausgetrieben. Die Reformation ist nicht allein ein historisches Ereignis, die Reformation ist ein dem Christentum innewohnendes Prinzip eines ewigen Protests, der im 16. Jahrhundert zu seiner sichtbarsten Gestalt gelangte.

Ecclesia semper reformanda – man sagt es heute leicht und hört es gern. Wenn die Kirche immerfort zu reformieren ist, dann heißt dies aber auch, dass die je eigene Erscheinungsform des Christentums nicht zugleich dessen abschließende Vollendung sein kann. Die damit verbundene Relativierung der eigenen Konfession wird weniger gern angenommen. *Ecclesia semper reformanda* meint meist nur die anderen. In allen christlichen Konfessionen gibt es die Tendenz, das je Eigene von der Macht des ewigen Protests auszunehmen. Auch im Luthertum kam und kommt das vor, hier ist es aber besonders erstaunlich. Der lutherische Konfessionalismus, allzumal in der Neuzeit, ist ein Widerspruch in sich selbst. Denn wer den ewigen Protest zum Schweigen bringen will und den eigenen Glauben absolut setzt, der verrät Luther. *Ecclesia semper reformanda* – das gilt zuerst und notwendig für die je eigene Kirche.

Die imposante Kritik der kirchlichen Situation seiner Zeit verleitete seine Anhänger, ja vermutlich sogar Luther selbst zu der Annahme, dass sich allein mit der Abstellung der offensichtlichsten Mängel die ideale Kirche in Blei gießen ließe. Diese Selbstüberschätzung geht erstens an den historischen Tatsachen vorbei und unterschlägt zweitens die bahnbrechenden Einsichten Luthers über das unsichtbare Wesen der Kirche. Das Christentum äußert sich in der Kraft, die es in Kopf und Herz, in Gedanken und Taten von Menschen entfaltet. Damit ist das Christentum notwendigerweise mehr als seine kirchlich sichtbaren Erscheinungsformen. Dass Luther sich selbst im Fortgang der Reformation verraten hat, oder um es weniger pathetisch zu sagen: in seiner Theologie und in der Gestaltung der Kirche auf halbem Wege stehen geblieben ist und als Kind seiner Zeit stehen bleiben musste, das ist überhaupt einer der Gründe, warum es nicht eine, sondern viele Reformationen gab.

Luther wähnte die Kirche seiner Zeit in babylonischer Gefangenschaft und proklamierte den Ausbruch in die Freiheit. Doch selbst im Wortsinn genommen konnte die lutherische Reformation die Fesseln, mit denen Luther die Kirche gefangen gehalten sah, nicht gänzlich durchschneiden. Luther lehnte die katholische Transsubstantiationslehre energisch ab, konnte dem aber selbst kein klares Konzept entgegenstellen, wie die Realpräsenz von Leib und Blut in den Abendmahlselementen zu denken sei. Von den Schwärmern bis zu den Schweizern haben das viele als Inkonsequenz empfunden.

Den Messopfercharakter haben Luther und seine Nachfolger zwar tatsächlich konsequent aus dem kirchlichen Leben verbannt, ob sie jedoch den Gottesdienst zu der Vergegenwärtigung göttlicher Barmherzigkeit und einer Vergewisserung des Trostes machen konnten? Die Predigten im 16. Jahrhundert sprechen eine andere Sprache. Die Gnade wurde feinsäuberlich in Gesetz und Evangelium aufgeteilt, Barmherzigkeit und Trost kamen in der Gestalt rechter Lehre daher. Schließlich war auch der Ablass abgeschafft und damit erfreulicherweise die schlimmsten Auswüchse kirchlichen Gewinnstrebens. Aber der Ablass war – das wusste Luther nur zu gut – ja nur die Spitze eines Eisbergs. Dahinter verbarg sich die Überzeugung der Kirche als Institution göttlicher Heilsvermittlung.

Man darf fragen, ob das Luthertum des 16. Jahrhunderts diese Vorstellung wirklich ganz aufgehoben hat oder ob nicht im Kern die sakramentale Vermittlung durch die des Wortes ersetzt wurde. Die Einsprüche der radikalen Reformation belegen immerhin, dass nicht wenige den Weg des Luthertums so verstanden. Die grundsätzliche Spannung zwischen dem Wirken des göttlichen Geistes und dem Räderwerk einer Institution hat jedenfalls auch Luther nicht auflösen können. Die festen Formen waren notwendig, um überhaupt den Bestand des Luthertums zu sichern. Eine Generation nach Luthers großen Worten zur babylonischen Gefangenschaft verfügt das Luthertum über hierarchische Kirchenstrukturen mit Anstaltscharakter und befindet sich zudem in strikter Abhängigkeit von der jeweiligen Landesherrschaft. Soweit das Auge reicht, von einem Priestertum aller Gläubigen – dem hehren Ideal Luthers – ist in dieser Epoche nichts zu sehen.

Den anderen Reformationen ist es nicht besser ergangen. Die Genfer hätten ihre neue Gefangenschaft unter Calvin vermutlich gerne gegen die Freiheiten eingetauscht, die sie vorher hatten; Täufergruppierungen errichteten in Münster einen bizarren Gottesstaat und auch die Puritaner haben jenseits des Atlantiks keineswegs den Himmel auf Erden geschaffen. Am Ende der frühen Neuzeit steht doch ein ernüchterndes Bild in sich abgeschlossener und um dogmatischen und praktischen Selbsterhalt ringender Christentümer. Es ist eine Grundüberzeugung des Neuprotestantismus und sein Legitimationsausweis: Im Altprotestantismus fraß die Reformation ihre Kinder.

Luthers Kirchenkritik lebt daher nicht von ihrer Verwirklichung im Reformationszeitalter, sie lebt von der Kraft ihrer Ideale im Laufe der Zeiten. Man muss keine allzu großen hermeneutischen Fingerübungen anstellen, um seine Kritikpunkte ins zeitlos Grundsätzliche zu erweitern. Seine Kritik an der mittelalterlichen Transsubstantiationslehre zielt auf das fundamentale Problem des Christentums, eine Sprache für das Transzendente zu finden. Um die tragenden Erfahrungen des Christentums weitergeben zu können, ist es notwendig, die Präsenz des Göttlichen in Worte und Begriffe zu fassen. Notwendig – und doch auch immer unmöglich. Alle menschlichen Ausdrucksmöglichkeiten, die Lehren des Christentums und seine Riten, versuchen, das Heilige in Formen zu bringen, und doch kann keine dieser Formen das erreichen, was es darstellen soll.

Das Heilige ist immer mehr, als Menschen daraus machen können.

Die Kritik am Messopfer knüpft daran an. Luther bestritt, dass Menschen Gott überhaupt etwas darbringen können. Die zentrale Gotteserfahrung des Christentums ist die Erfahrung eines den Menschen tragenden Grundes, eines Angenommen- und Aufgehobenseins in einer umfassenden Ordnung. Diesen geradezu kosmischen Trost immer nur wieder auszusprechen, die Orte aufzuzeigen, wo er sich zeigt, ist Aufgabe des christlichen Gottesdienstes und der christlichen Verkündigung. Die Aufgabe ist größer als die Mittel, die sich Menschen dazu ausgedacht haben, sie sprengt immerfort auch die eingespielten Traditionen auf. Die Gestalten und Formen, in denen die Kirche den göttlichen Trost in der Welt verkündet, stehen im Dienste einer Sache, die größer ist als sie selbst. Sie sind immer nur Mittel zum Zweck und niemals der Zweck selbst.

Das gilt letztendlich für die Kirche selbst. Luthers Kritik am Gewinnstreben der Kirche betrifft eine traurige Verselbständigung der Institution. Zu allen Zeiten müht sie sich um ihren Selbsterhalt. Der ist aber nur gerechtfertigt, wenn in dem, was die Kirche spricht und tut, stets ihr eigener Grund durchsichtig bleibt. Es geht nie um sie selbst, sondern um den, der sie sendet. Noch mehr als bei den Formen und Gestalten der Vermittlung gilt für den institutionellen Charakter der Kirche: Er ist bloßes Mittel im Dienste eines viel größeren Zwecks, die Kirche ist niemals nur für sich selber da.

Luther hatte mit diesen Kritikpunkten ein Grunddilemma des Christentums auf seiner Reise durch die Geschichte erkannt. Es bindet sich notwendigerweise an menschliche Ausdrucksformen und bezieht doch seinen Grund und seine Kraft aus einer anderen Welt. Als Vertreterin ewiger Transzendenz muss die Kirche notwendigerweise in einen Dauerkonflikt mit ihren institutionellen Erscheinungsformen geraten, Charisma und Institution verhalten sich stets spröde zueinander. Das konnte auch die Reformation nicht überwinden. Aber sie konnte den Blick dafür schärfen. Die babylonische Gefangenschaft wird es immer geben, solange es die Kirche gibt. Die Gefangenschaft ist bleibende Herausforderung und stetige Aufgabe. Es gilt, die Gegenwart des Göttlichen in der Welt darzustellen und dabei immer zugleich zu wissen, dass die Formen des Ausdrucks stets vergehen und sich überholen müssen. Die Ausdrucksgestalten des Christentums müssen offen bleiben auf das Größere, das sie ausdrücken, sonst werden sie stumm. Diese Einsicht ist der Kern der Reformation: sie ist darum kein einmaliges Ereignis, sondern Prozess und Prinzip.

Vom Sinn der Reformation

Das 16. Jahrhundert hat in weniger als einer Generation die Hoffnungen auf die Erneuerung der Kirche und die Reformierbarkeit des Christentums enttäuscht. Jede Form historischer Erinnerung kann sich nicht davor verschließen, dass die Reformation ihre Kinder fraß. Worin liegt dann aber der Sinn der Reformation?

Rustikale Geister beschweren ihr Gemüt mit solchen Fragen nicht. Für Katholiken aus dem restaurativ-reaktionären Milieu gibt es hier gar keine Frage. Die Reformation ist Häresie, schlicht ein Irrtum, der nur durch Rückkehr in den Schoß der wahren Kirche geheilt werden kann. Die These wird seit fünfhundert Jahren in allerlei Varianten vertreten, das Ergebnis ist immer das Gleiche. Die Reformation ist Abfall von der einen und wahren Kirche. Vergleichbare Gemüter gibt es auch unter Protestanten. Sie kehren das Argument einfach um. Sie halten die Reformation für die wahre Erneuerung der Kirche – überraschenderweise immer in der lutherischen, calvinistischen oder sonstigen Erscheinungsform, der die Vertreter dieser These angehören – und sehen in allem anderen Irrtum und Verblendung. Die beiden Positionen können hier auf sich beruhen, sie gehen an der historischen Erscheinung der Reformation vorbei und führen nirgendwohin. Ein Schlüssel zur Sinngeschichte der Reformation ist ihre Einordnung in den größeren Zusammenhang der Christentumsgeschichte.

1. ALLES BRICHT: REFORMATION ALS EPOCHENZÄSUR

In der Geschichte des Christentums bedeutet die Reformation eine Epochenzäsur. Damit ist ein qualitativer Sprung gemeint, der die Vorstellung einer kontinuierlichen Entwicklung durchbricht. Etwas hört für immer auf und etwas Neues beginnt. Dementsprechend kommt auf beiden Seiten der Bilanz etwas zu stehen, Gewinne, die Chancen für die Zukunft bedeuten, und unwiederbringliche Verluste. Vorgänge, in denen sich Veränderung in einem so überschaubaren Zeitraum ereignet, dass man es mit Vorher-Nachher-Fotos meint festhalten zu können, kennt die Geschichte nicht häufig. Darum hat es auch in der Geschichte des Christentums nicht viele radikale Veränderungen dieser Art gegeben, für den westlichen Teil kann man sich wenigstens auf vier Epochenzäsuren verständigen.

Die erste ist die Konstantinische Wende im vierten Jahrhundert. Mit der kaiserlichen Unterstützung, an deren Ende zwei Generationen später der Aufstieg des Christentums zur Staatsreligion steht, endet die Minderheitenrolle des Christentums. Eine allmählich vollständige Christianisierung der Gesellschaft mit den Mitteln der politischen Macht setzt ein. So erfreulich daran das Ende der Verfolgungen ist, die Folgen für das Christentum werden seit jeher ambivalent eingeschätzt. Einerseits bedeutet Konstantins religionspolitischer Schwenk die Geburt des christlichen Abendlandes, andererseits sprach man auch von einem Sündenfall der Kirche. Denn die Bindung an weltliche Macht bedeutete von nun an immer auch Abhängigkeit und Korrumpierung des Religiösen. Die Spaltung zwischen einer West- und einer Ostkirche ist die zweite Zäsur. Dabei sind die kirchenrechtlich relevanten Ereignisse im 11. Jahrhundert nur die Summe einer langen Entwicklung, in der sich zwei unterschiedliche christliche Mentalitäten ausbilden.

Die Reformation ist die dritte große Epochenzäsur. Sie nimmt zunächst nicht die Bindung der Religion an die weltliche Macht zurück – das Luthertum liefert sich der staatlichen Autorität sogar noch stärker aus –, sondern erschüttert das Verständnis der Kirche als alleiniger Vermittlungsgestalt göttlicher Gnade unter päpstlich-priesterlicher Verfügung. Von den Gewinnen und Verlusten war schon die Rede. Unduldsamkeit und Überdogmatisierung sind theoretische, Religions- und Bürgerkrieg die praktischen Folgen der Auseinandersetzung um das Verständnis der Kirche. Der Angriff auf die Ritualpraxis leitet zudem einen folgenreichen religionsgeschichtlichen Wandel ein, den man durchaus als einsetzende Desakralisierung bezeichnen könnte. Wenn Reformatoren in der Fastenzeit Wurst essen, die Skulpturen der Heiligen zerschlagen und aus den Kirchen werfen, Priestergewänder ablegen und Hostien aus dem Tabernakel entfernen, dann tun sie der Sache nach etwas, was ähnlich die fränkischen Missionare im Frühmittelalter mit den Germanen praktizierten. Sie fällten deren heilige Bäume und führten den ausbleibenden göttlichen Zorn als Argument ins Feld, dass es die germanischen Götter nicht geben könne – sonst hätten sie den Frevel ahnden müssen. Die Bilderstürmer der Reformation argumentierten der Sache nach entsprechend, wenn sie gegen Fastengebote und Heiligenskulpturen vorgingen. Die ausbleibende Gottesstrafe galt als gesichertes Argument gegen derartige Bräuche und Verehrungen. Einen markanten Unterschied gibt es freilich: Es waren nicht fremde Götter, sondern ihr eigener Gott, den sie so herausforderten. Ihre Intention war, die Unrechtmäßigkeit bestimmter Bräuche zu entlarven, die Wirkung ging jedoch viel weiter. Viele Zeitgenossen muss bei dem reformatorischen Aktionismus ein Schaudern erfasst haben. Warum greift Gott nicht ein, wenn seine Heiligen zerstört werden? Die Depotenzierung religiöser Bräuche öffnet zwangsläufig immer auch einen Spalt zur Entmachtung der göttlichen Aura. Man muss hier nicht dem beipflichten, was manche Katholiken und Orthodoxe aus ihren antiprotestantischen Waffenarsenalen hervorholen: die Rede von der Reformation als Säkularisierung. Das ist polemische Vergröberung. Was geschieht, ist dies: In der Reformation setzt eine Desakralisierung des Religiösen ein, die sich ausschließlich im Dienste der Religion versteht. Denn es geht um den Gewinn der Freiheit im Gottesverhältnis. Für eine kulturprotestantische Reformationsdeutung ist das der entscheidende Punkt. Tatsächlich zählen die Freiheitsgewinne zu den großen Errungenschaften dieser Epochenzäsur. Die Aufwertung des Individuums, die Stärkung des einzelnen Gewissens, das unmittelbare Verhältnis, das jede Person zu Gott einnehmen kann, und die inhaltliche Bestimmung dieses Verhältnisses als gnadenhafte Zuwendung und Annahme sind auf diese Seite zu rechnen. Die neu gewonnene Freiheit realisiert sich in einem tatkräftigen Weltverhältnis.

Selbst eifrige Luther- und anderweitige Reformationsverehrer kommen nicht umhin einzugestehen, dass dies nicht die letzte und für den westlichen Kulturkreis nicht einmal die uns heute am meisten prägende Epochenzäsur ist. Diese findet statt mit dem Eintritt in die Moderne, den die Aufklärung im 18. Jahrhundert vorbereitet und den das 19. Jahrhundert für die Menschen spürbar und konkret fassbar macht. Friedrich Schleiermacher, der protestantische Kirchenvater des 19. Jahrhunderts, ging um 1800 von den Berliner Salons zu Fuß und mit Laterne über Wiesen nach Hause, um 1900 hätte er in der Millionenmetropole die U-Bahn benutzt. In der gleichen Zeit verwandelt sich noch spektakulärer am Lake Michigan ein verschlafenes kleines Fort zur Megacity Chicago mit ihren Wolkenkratzern. Es liegt auf der Hand, dass man sich Gott als Grund der Welt am Ende dieser Zäsur anders vorstellen wird als vorher.

Nicht wenige stellen sich ihn gar nicht mehr vor. Der Eintritt in die Moderne bedeutet zweifelsohne eine Erosion der vertrauten christlichen Traditionen, Vorstellungen und Bräuche. Das Christentum wandert von der Mitte der Kultur an ihre Ränder und verliert im öffentlichen Bewusstsein seine Alleinstellung als religiöse Wirklichkeitsdeutung. Dieser seit Max Weber häufig als Entzauberung beschriebenen Entwicklung steht aber auch eine andere Seite gegenüber. Die Zugehörigkeit zu einer Religion ist nicht mehr zwingend über den Zufall der Geburt geregelt, Religionsfreiheit und religiöse Toleranz werden öffentlich wirksam, die Aufwertung des Individuums in seiner Religionsausübung setzt sich fort, der Gebrauch der Vernunft befreit von magischen und dämonischen Vorstellungen. Krankheiten sind – um ein Beispiel zu geben – nicht Folge einer auf sich geladenen Schuld vor Gott, sondern Folge einer Infektion und müssen dementsprechend medizinisch und nicht religiös bekämpft werden. Religiöser Fanatismus, der statt mit Gründen mit Gewalt argumentiert, gilt in dieser Perspektive mit Recht als entweder regressiv oder mindestens entwicklungsverzögert. Darum erschreckt seine Wiederkehr seit dem 20. Jahrhundert als offensichtliche Entzivilisierung. Ob die Freiheitsgewinne der Moderne nicht auch Vorteile für das Christentum bringen, zählt zu den bis heute strittigen Fragen. Die klassische Säkularisierungstheorie sieht diese Entwicklung als einen fortschreitenden Bedeutungsverlust und kann darum keine Vorteile für das Christentum erkennen. Die Moderne wird als die Epochenzäsur der Bedrohung, zumindest der Gefährdung des Christentums erlebt. Für das westliche Christentum resultiert daraus bis in unsere Tage hinein eine merkwürdige, geradezu schizophrene Stimmungslage. Im alltäglichen Lebensumgang weiß man die Errungenschaften der westlichen Moderne durchaus zu schätzen. Niemand, nicht einmal Piusbrüder oder lutherische Konfessionalisten, verlangen beim Zahnarzt nach den Behandlungsmethoden des 18. Jahrhunderts. In der religiösen Vorstellungswelt und kirchlichen Praxis sieht das jedoch anders aus. Man steht der Moderne häufig ablehnend, mindestens jedoch verlustempfindlich und skeptisch gegenüber. Das muss nicht so sein und das war auch nicht immer so. Der Kulturprotestantismus der liberalen Theologie des 19. Jahrhunderts war eine bemerkenswert interessante Bewegung, die die unaufhebbare Epochenzäsur der Moderne anerkannte und eben deswegen Christentum und Moderne miteinander zu verbinden suchte.

2. ALLES FLIESST: DER NEUPROTESTANTISMUS ALS VERÄNDERTE FORTFÜHRUNG DER REFORMATION

Der Blick auf die markanten Epochenzäsuren dient der Standortbestimmung. Er hilft erstens zu verstehen, woher wir kommen – und wohin wir nie wieder zurück gelangen werden. Epochenzäsuren sind Türen, die nur in eine Richtung aufgehen. Wir steigen niemals in den gleichen Fluss, sagt Heraklit, alles fließt. Die Geschichte des Christentums ist der Prozess eines stetigen Wandels, in dem es kein Zurück gibt. Zweitens lehren die Epochenzäsuren, dass alles seinen Preis hat. Es gibt unter den Bedingungen der

Geschichte keine Verwirklichung des Idealzustands des Christentums, den Gewinnen und hoffnungsvollen Chancen auf der einen stehen immer auch Verluste und endgültige Abbrüche auf der anderen Seite gegenüber.

In der Frage der Herkunftsbestimmung haben protestantische Denker seit dem 19. Jahrhundert die Zusammenhänge zwischen den beiden Epochenzäsuren Reformation und Moderne genauer betrachtet. Der Kulturprotestantismus sah sich auf einer Linie, die in der Reformation ihren Anfang nahm, aber dann im 19. Jahrhundert vor der Herausforderung einer großen Transformation der reformatorischen Einsichten stand. Die in der Reformation einsetzenden Tendenzen zur Desakralisierung schreiben sich in der Moderne als Entmagifizierung und Entdämonisierung fort, gleichzeitig baut die Moderne das umfassende religiöse Freiheitsbewusstsein immer weiter aus. Die Impulse dafür gehen auf die Reformation zurück, dennoch geschehen die Fortschreibungen in der Moderne mit anderen Akzentsetzungen. Spätestens seit Ernst Troeltsch (1865-1923), einem der wichtigsten liberalen Theologen des Kulturprotestantismus, hat sich dafür die Unterscheidung in Altprotestantismus und Neuprotestantismus eingebürgert.

Die Herausforderungen der Moderne sind nicht mit einem einfachen Rekurs auf das Reformationszeitalter zu meistern. Der Neuprotestantismus weiß sich ebenso der Aufklärung und der Romantik verpflichtet, um die Idee eines modernen Christentums realisieren zu können, und bricht darum mit dem religiösen Fanatismus und Dogmatismus des Reformationszeitalters. Es greift zu kurz, die Aufklärung einfach nur als Gegnerin des Christentums darzustellen. Von Leibniz an haben sich viele Aufklärer bemüht, die religiösen Bürgerkriege und Fanatismen durch die Vernunft abzukühlen und die Religion selbst auf eine vernünftige Grundlage zu stellen. Es gab auch eine großartige christliche Aufklärung, die tief hinein in die Kirche wirkte. Exemplarisch steht dafür der preußische Pfarrer und spätere Berliner Probst Johann Joachim Spalding (1714-1804), eine immer noch viel zu wenig bekannte Gestalt eines klaren und tatkräftigen Geistes der christlichen Aufklärung.[4]

Es gibt von Spalding an eine lange Tradition guter Theologie im Herzen des Protestantismus, die sich intensiv mit der Rolle des Christentums in der Moderne beschäftigt. Zwei Denker seien kurz vorgestellt, um besser zu verstehen, was der Neuprotestantismus wollte, und um auch seine inneren Wandlungen in den Blick nehmen zu können. Richard Rothe (1799-1867) zählt zu den interessantesten Figuren des Protestantismus im 19. Jahrhundert. Er nahm Impulse aus den unterschiedlichsten theologischen und philosophischen Strömungen auf und wirkte nicht nur im akademischen Lehramt in Heidelberg, sondern auch als Mitglied des Oberkirchenrats in Baden. Rothe schätzte die Reformation als einen fulminanten Wendepunkt in der Geschichte des Christentums, weil sie die Freiheit des Einzelnen zu Gott zum Programm machte. Nahm man diesen Aufruf zur Freiheit ernst, dann konnte das für Rothe nur heißen, die selbständige religiöse Persönlichkeit als eine Errungenschaft zu schätzen. Damit lieferte er für die religiöse Emanzipation und Autonomie in der Moderne eine ausdrücklich theologische Begründung. Der entscheidende Ort des Christseins war für ihn die Lebensführung des Einzelnen.

Rothe präsentierte damit um die Jahrhundertmitte ein ganz anderes Narrativ der Moderne. Sie war nicht eine Abkehr, sondern eine positive Wirkung der Reformation. Rothes optimistische Sicht auf die Moderne hatte weitreichende Folgen für seine Idee eines christlichen Lebens. Dieses ereignet sich nicht mehr allein innerhalb der Kirche, sondern Ort der Betätigung und auch der Bewährung der Religion ist die Kultur und der Staat. Der berühmte Satz aus seinem Hauptwerk, der eigentlich so gut wie immer falsch verstanden wurde, lautet: „Während nun so die Kirche langsam in sich zusammensinkt, siedelt sich das christliche (religiös-sittliche) Leben und die christliche (religiös-sittliche) Gemeinschaft nach und nach aus ihr in den Staat (die allgemein menschliche, d.h. religiös-sittliche Gemeinschaft) hinüber."[5] Rothe – um eines der vielen Missverständnisse auszuräumen – verstand den Satz als Beschreibung, nicht als Wunsch. Scharfsichtig konstatierte er, dass die Kirche auf den Druck der modernen Welt immer mehr durch Rückzug in eine rein kirchliche Binnenwelt reagiere. Dort allein können die christlichen Ideale aber nicht mehr in der Welt wirksam werden. Sie setzen sich vielmehr allmählich in Kultur und Staat durch. Rothe sah, dass es nach dem Rückzug der Kirche in sich selbst auch ein Christentum außerhalb der Kirche gibt – eine damals und vielen noch heute unerhörte und dennoch richtige Beobachtung. Rothe hat seine Auffassung mit pointierten Sätzen garniert. Er vertrat die „Überzeugung, dass dem Reiche Christi die Erfindung der

Dampfwagen und der Schienenbahnen eine weit bedeutendere positive Förderung geleistet hat, als die Ausklügelung der Dogmen von Nicäa und von Chalcedon."[6] Dem modernen Staat gelingt es besser als Rom, Wittenberg und Genf zusammen, die Ideale des Christentums in die Wirklichkeit umzusetzen.[7] Rothes Pointen lösen noch heute bei nicht wenigen intellektuelle Tollwut aus. Wenn der Schaum vor dem Mund jedoch verschwunden ist und die Vernunft wieder ihre Arbeit aufnimmt, lohnt es sich, über Rothes Einschätzung nachzudenken. Man wird unmöglich alles daran falsch finden können. Rothe setzt ein wichtiges Grundanliegen der Reformation um. Die Kirche ist kein Selbstzweck, sondern in der Geschichte des Christentums geht es vor allem und zuerst um die Realisierung christlicher Ideale.

Dass man niemals zweimal in den gleichen Fluss steigt, muss auch der Kulturprotestantismus beherzigen. Für uns führt heute kein Weg zu Richard Rothe zurück. So wie das konfessionelle Zeitalter die Ziele der Reformation zerstört hat, so hat das 20. Jahrhundert alle seine Zuversicht in den Fortschritt der Kultur und den Aufbau eines Kulturstaates ruiniert. Auch wissen wir heute, dass die Bedeutung der Kirche als möglicher Ort der Vergegenwärtigung Gottes in der Welt eine bleibende Kraftquelle ist, um das Wesen des Christentums in der Welt verwirklichen zu können. Ein in die Zukunft weisender Denker, von dem wir heute vieles lernen können, bleibt Richard Rothe allemal, und eine kirchengeschichtliche Ausnahmeerscheinung zudem. Selten hat ein evangelischer Oberkirchenrat aus tiefer christlicher Überzeugung so klug und so mutig über die Zukunft seiner Kirche nachgedacht. In der Verzahnung von scharfsichtiger Theologie und umsichtiger Kirchenführung ist der Kulturprotestant Richard Rothe bis heute ein unerreichtes Vorbild.

Die Grundüberzeugung, dass die Reformation ein Prinzip und nicht nur ein historisches Ereignis ist, hat im 20. Jahrhundert am deutlichsten Paul Tillich (1886-1965) ausgesprochen. An Tillich kann man die veränderte Tonlage des 20. Jahrhunderts deutlich erkennen. Zwischen ihm und Rothe liegen nur etwas mehr als zwei Generationen und doch ein welthistorisches Universum. Der Erste Weltkrieg hat die zupackende Zuversicht des 19. Jahrhunderts zerstört, die Totalitarismen des 20. Jahrhunderts werfen ein noch viel abgründig dunkleres Licht auf die Geschichte. Tillich hat ein feines Gespür für die tiefen Ambivalenzen und die Zerrissenheit der modernen Kultur. Das gilt auch für die Religion. Obgleich sie die Erscheinungsform des göttlichen Geistes in der Welt ist, kann sie abdriften in Profanisierung und Dämonisierung. Profan wird das Religiöse, wenn in seinen Ausdrucksformen der Bezug auf die transzendente Dimension, der sie sich überhaupt verdanken, erloschen ist und sie zu bloß äußeren Formen verkommen. Dämonisch wird das Religiöse, wenn es seine Ausdrucksformen selbst für absolut und das Göttliche an sich hält. Diese fanatische Selbstverabsolutierung ist ein Widerspruch des Religiösen gegen sich selbst. Denn ein Zeichen der Gegenwart des göttlichen Geistes ist es, dass er ein Bewusstsein schafft von dem Abstand zwischen dem göttlichen Grund und allen menschlichen Ausdrucksformen, die diesen niemals erreichen können. Diesen bleibenden und für die Geschichte des Christentums unerlässlich wichtigen Einspruch nennt Tillich das protestantische Prinzip. Das Prinzip wird einerseits wirksam als Kritik. Es richtet sich als Protest gegen alle Formen der Selbstüberhebung, aber auch gegen die Banalisierung des Religiösen. Anderseits zeigt sich das protestantische Prinzip auch als Gestaltung. Es drängt immerfort danach, die Spuren der göttlichen Gnade in der Wirklichkeit zu suchen und die menschliche Lebenserfahrung auf diese hin durchsichtig zu machen. Als gestaltendes Prinzip knüpft es an bisherige religiöse Ausdrucksformen an und sprengt diese zugleich auch auf. Denn ihrem Wesen nach sind die Spuren göttlicher Gegenwart in der Welt mehr, als sich mit den traditionell vom Christentum hervorgebrachten Mitteln sagen lässt. Unter gewandelten Vorzeichen setzt sich darin die kulturprotestantische Weltoffenheit fort. Dem Protestantismus attestierte Tillich, die christliche Konfessionsfamilie zu sein, in der das protestantische Prinzip historisch in besonderer Weise wirksam wurde, aber das protestantische Prinzip konnte Tillich zufolge nicht allein auf den Protestantismus beschränkt werden. Aus seinem Exil heraus beobachtete Tillich das Weltgefüge der Dreißigerjahre aus gutem Grund mit großer Skepsis. Es veranlasste ihn, darüber nachzudenken, ob der Protestantismus mit seiner Hochschätzung des Individuums in den harten weltanschaulichen Kämpfen nicht den Totalitarismen unterlegen sei und ob nicht die katholische Kirche besser für die Auseinandersetzung gerüstet sei. Tillichs pessimistischer Blick auf ein mögliches Ende der protestantischen Ära hat sich erfreulicherweise nicht bewahrheitet. Bemerkenswert daran ist dennoch seine ökumenische Offenheit. In der Realisierung des ewigen Protests sind die Konfessionen aufeinander angewiesen. Von tiefer Bedeutung bleibt seine Einsicht, dass das protestantische Prinzip größer ist als der Protestantismus. „Nicht die protestantische Ära, das protestantische Prinzip ist von ewiger Dauer."[8]

Richard Rothe und Paul Tillich sind nur zwei exemplarische Vertreter einer großen Bewegung des Protestantismus, die nach dem Sinn der Reformation und ihrer bleibenden Bedeutung für die jeweilige Gegenwart fragen. Von Rothe und Tillich kann man lernen, dass eine mögliche Antwort nicht an deren Ambivalenzen vorbeigehen kann. Der Neuprotestantismus bricht mit dem Religionseifer des Reformationszeitalters. Trotz ihres Scheiterns im 16. Jahrhundert ist die Reformation nicht einfach nur ein Betriebsunfall in der Geschichte des Christentums. Die Antwort auf die Frage nach dem Sinn der Reformation liegt nicht im 16. oder 17. Jahrhundert. Keiner Konfession ist es damals gelungen, einen erstrebenswerten Zustand des Christentums herzustellen. Der Sinn der Reformation kann nur in dem liegen, was mit ihr einen Anfang genommen hat. Es ist nicht Luthers Fähigkeit, eine Kirche zu gestalten, die über die Jahrhunderte wirkt, sondern die Kraft seiner Ideale, wie eine Kirche auszusehen hätte. Dieses Erbe führt der Kulturprotestantismus in der Moderne fort. Die Kraft der Reformation liegt in ihrem ewigen Protest gegen alles, was das Herz des Religiösen kleiner und enger macht.

Reformation heute

1. JUBILÄUMSRAUSCHEN

Die 500. Wiederkehr des Jahrestages von Luthers Thesenanschlag bietet einen willkommenen Anlass, an die Reformation zu erinnern. Es wäre eine vertane Chance für den Protestantismus, darauf zu verzichten. Aber richtiges Erinnern ist nicht einfach. Im Geiste des Historismus ist die Erinnerung als soziales und kulturelles Phänomen im 19. Jahrhundert in großem Stile aufgekommen. Friedrich Nietzsche hat als früher Beobachter den Nutzen und Nachteil scharfsichtig erkannt. Historische Erinnerung kann dazu führen, an der Vergangenheit zu ersticken, Erinnerung kann aber auch belebende Kräfte für die Gegenwart freisetzen. Erinnerung als Kulturtätigkeit dient – das haben in unseren Tagen vor allem Aleida und Jan Assmann in ihren Arbeiten immer wieder hervorgehoben – einem sozialen Gefüge zur Vergewisserung, woher man kommt. Denn nur wer weiß, woher er kommt, weiß, wer er ist, und nur wer weiß, wer er ist, kann auch einen Plan entwerfen, wohin er geht. Herkunftsfragen sind immer auch Gegenwarts- und Zukunftsfragen.

Die Erinnerung an das Jahr 1517 hat im Protestantismus immer eine große Rolle gespielt.[9] 1617 war sie ein Appell an die geschlossen lutherische Identität in Abgrenzung von den konfessionellen Gegnern Katholizismus und Calvinismus, 1717 nutzten sowohl der Pietismus als auch die Aufklärung die Berufung auf Luther, um den je eigenen Aufbruch zu legitimieren, 1817 diente die Verehrung Luthers ebenso den Deutschnationalen nach der napoleonischen Ära wie der Erweckungsbewegung, um die Flurschäden zu beseitigen, die nach Auffassung der Erweckten die Aufklärung im Protestantismus hinterlassen hat, 1917 galt Luther als nationaler Heros, der zum Durchhalten in aussichtsloser Kriegslage aufrief. Mit Ausnahme von 1717 stimmen die Jubiläen misstrauisch, ihnen haftet der Hauch des mehr oder weniger moderat Reaktionären an, eine Verklärung der Vergangenheit, mit der man das Rad der

Geschichte zurück- oder sich gar mit Luther aus der Geschichte herausdrehen wollte. Es ist allemal eine Anmerkung wert, dass der Protestantismus in seiner Geschichte fürwahr auch andere Möglichkeiten als die Reformationsjubiläen kannte, um sich belebende Kräfte aus der Erinnerung an die Vergangenheit zuzuführen.

Die Befürchtung, dass Reformationsjubiläen nicht zwingend Gutes verheißen, wird 2017 zerstreut. Künftige Historikerinnen und Historiker werden ihre liebe Mühe damit haben, überhaupt herauszufinden, für was 2017 stand. Die Vorbereitungen und die ersten Monate geben noch keinen Aufschluss. In dem langen Anfahrtsweg einer Reformationsdekade hat man vor allem Kräfte und Aufmerksamkeit verbraucht. Nicht einmal in Kuba, China oder Nordkorea käme man im 21. Jahrhundert auf die Idee, die eigene Gründungslegende zehn Jahre zu feiern. Anfangs war das Motto eines Reformationsjubiläums in markanter Wuchtigkeit ausgegeben. Es sah nach Plänen aus, am 31. Oktober 2017 an den Wittenberger Elbwiesen 80.000 Posaunen mit *Ein feste Burg ist unser Gott* erschallen zu lassen. Leise Einsprüche der ökumenischen Gesprächspartner und Anflüge von Besinnung haben dann jedoch aus dem Reformationsjubiläum ein Reformationsgedenken werden lassen, inzwischen ist es ein Christusfest. Dass bereits jetzt zu Beobachtungen eingeladen wird, wie man die Feierlichkeiten aufgenommen hat und wie man sie findet, lässt erahnen, dass der Vorbereitungsdekade eine Evaluationsdekade folgen wird. An 2017 wird eines mit Sicherheit haften bleiben: Es war viel.

Aber wohin die Reise der Erinnerung gehen soll, ist nicht klar zu erkennen: Luther als Playmobilfigur, Lutherbonbons, Lutherwanderwege, Lutherbier und Luthersocken. Kulturpessimisten würden darin Erscheinungsformen einer Religion wittern, die sich selbst nicht mehr ernst nimmt, und darum Vorboten eines nahenden Untergangs heraufziehen sehen. So weit muss man nicht gehen. Die mediale Geschäftigkeit wirkt eher wie lautes Rufen im Wald, wie ein nervöser Aktionismus einer Religionsgruppe, die um Anerkennung buhlt und Marginalisierung fürchtet, und sich darum an Strategien versucht, um im Kampf um die knappe Ressource Aufmerksamkeit zu bestehen. Gemessen an manch anderem Reformationsjubiläum könnte man auch urteilen, dass keine Botschaft allemal besser ist als die teutonischen Lutherverklärungen.

Erfreulich ist das Interesse an historischer Bildung. Eine immense Flut an Büchern und Veranstaltungen aller Art über Luther und die Reformation befriedigen dies. Darunter sind auch meisterhafte Darstellungen zu Luther, zur Reformation und zu ihrer Wirkungsgeschichte, die aus dem konkreten Anlass geboren zu Klassikern aufsteigen werden. Auch bestes kulturprotestantisches Erbe ist dabei. Die Mehrung historischer Bildung kann niemals ein Schaden sein. Beklagen könnte man allein die Monothematik. Wie Nietzsche schon wusste, es gibt auch ein Zuviel an historischer Erinnerung. Wer neugierig ahnt, dass es im Christentum noch mehr als Martin Luther gibt, für den könnte wenigstens im deutschen Kontext 2017 ein verlorenes Jahr werden. Aber man muss darüber nicht verzagen. Feste werden eben gefeiert, wie sie fallen. Man muss kein Prophet sein, um vorherzusagen, dass man sich 2017 an Luther überessen wird. Lutherbücher nach 2017 werden lange Zeit auf die gleiche Begeisterung stoßen wie Weihnachtsplätzchen im Januar. Für Liebhaber einer abwechslungsreichen theologischen Speisekarte ist dies eine frohe Botschaft: Es werden auch wieder andere Themen auf den Tisch kommen.

Es ist schade, dass das Reformationsjubiläum

zwar außerordentlich betriebsam begangen wird, aber für die entscheidende Frage nach dem Sinn der Reformation wenig Platz lässt. Die Flucht ins Historische kompensiert das Changieren zwischen Jubiläum, Gedenken und Christusfest. Einen Weg ins 16. Jahrhundert zurück kann es nicht geben. Bloß historische Erinnerung ist darum noch einmal von kultureller Erinnerung zu unterscheiden. In ihr mehrt der Blick in die Vergangenheit nicht nur unsere Kenntnisse, kulturelle Erinnerung setzt Kräfte für die Gegenwart frei und bietet Orientierung für die Zukunft. Das Licht der Reformation fällt allein deswegen auf unsere Zeit, weil mit ihr etwas anfing, was noch nicht zu Ende ist. Die Reformation ist Prinzip und Prozess, und zum Wesen des protestantischen Prinzips gehört es, der eigenen theologischen und kirchlichen Praxis einen kritischen und gestaltenden Spiegel vorzuhalten. Ein interessanter Ansatzpunkt ist das Reformationsjubiläum selbst. Die Tatsache, dass die Lautstärke der Feierlichkeiten mehr einem großen Schrei nach Aufmerksamkeit gleicht als einem Anstoß zum ernsthaften Nachdenken über Gegenwart und Zukunft, wirft Fragen auf.

2. VERLUSTANGST UND GEDANKENVERARMUNG: DIE BABYLONISCHE GEFANGENSCHAFT DER KIRCHE HEUTE

Seit geraumer Zeit ist das kirchliche Selbstverständnis von einem Bewusstsein der Krise bestimmt. Es wäre interessant, ob sich ein besonderer Anfangspunkt des gegenwärtigen Krisenbewusstseins ermitteln ließe. Denn die Klage über zu geringen Gottesdienstbesuch ist viel älter, sie findet sich schon bei Barockpredigern – in einer Zeit also, die man gerne für ein goldenes Zeitalter des Christentums hält. Entkirchlichung wird als ein Massenphänomen mit dem demographischen Wandel vor allem in den Großstädten des 19. Jahrhunderts sichtbar. Ein gewaltsamer Entkirchlichungsschub war die Religionspolitik der sozialistischen Ostblockstaaten, der sich im deutschen Protestantismus in den östlichen Bundesländern bis heute auswirkt. Überwiegend wird die gegenwärtige Krise jedoch nicht als ein abrupter Wandel, sondern als ein schleichendes Abschmelzen empfunden – und nicht nur empfunden. Die Zahlen belegen es. Allein in den Bundesländern der ehemaligen BRD ist der Anteil der evangelischen Bevölkerung von einstmals knapp über 50 Prozent in den

Siebzigerjahren auf jetzt ein Drittel heruntergegangen. Man kann sich mühelos ausrechnen, dass bei anhaltender Tendenz in nochmals einer Generation erstens die Schwelle zu einer Minderheit und damit zweitens auch der kritische Punkt unterschritten wird, in dem das bisherige volkskirchlich organisierte System der evangelischen Kirche fortbestehen kann. Beruhigend sind diese Vorhersagen keineswegs. Mit sachverständigem Auge beobachtet die Kirche diesen Prozess seit längerem, in der fünften und aktuellsten Untersuchung zur Kirchenmitgliedschaft mehren sich nun mit Blick auf die Zukunftsaussichten die alarmierten Stimmen.[10]

Der Mitgliederschwund ist offensichtlich und nicht von der Hand zu weisen und doch liegt in dieser Wahrnehmung etwas Verzerrtes. Als habe es nie eine Debatte über die Verwandlungen des Christentums in der Moderne gegeben, wird die Stärke des Christentums allein an äußeren Beteiligungsformen wie Gottesdienstbesuch gemessen. Bei der inhaltlichen Zustimmung werden klassische Lehrformen eines Katechismuschristentums abgefragt, über die man in der Theologie doch eigentlich lange hinaus ist. Wie man in den Wald hineinruft, so schallt es heraus. Wer zum Leitbild des Christentums vormoderne Idealzustände wie volle Kirchen und dogmatische Lehrformeln erhebt, der wird naturgemäß die Gegenwart immerfort als Krise empfinden müssen. Diese Fragerichtung kann nur ein dauerhaft unglückliches Bewusstsein erzeugen. Die Kirche unternimmt zweifelsohne viele Anstrengungen, um die Botschaft des Christentums den Menschen zu vermitteln, und muss sich dabei doch immer im west- und mitteleuropäischen Kulturraum einem scheinbar unaufhaltsamen Abwärtstrend stellen. Die Tradition des Kulturprotestantismus lehrt, dass es in der Moderne notwendigerweise auch andere Formen des Christentums geben muss als die traditionellen. Es ist zu einfach, wenn aus leeren Kirchen sofort auf weniger Christentum geschlossen wird.

Zwei Gegenargumente werden häufig genannt. Erstens wird angeführt, dass das Christentum global immer noch eine wachsende Religion sei, vor allem in Afrika und Asien. Nicht von der Hand zu weisen ist die Tatsache, dass sich das Wachstum insbesondere im evangelikalen und pfingstlerischen Kontext mit vollen Kirchen und bekenntnisfesten und bibeltreuen Christen abspielt. Diese Entwicklungen, die vorrangig im sogenannten Global South, also in den als Schwellen- und Entwicklungsländer etikettierten

Regionen der südlichen Hemisphäre stattfinden, sind seit geraumer Zeit Gegenstand des wissenschaftlichen und kirchlichen Interesses – mit recht unterschiedlichen Perspektiven. Wissenschaftlich faszinieren die Verbindung von Christentum und sozialer Aufstiegsmentalität, die großen Energien und die soziale Durchdringungskraft des wachsenden Christentums. Man belässt es dabei aber naturgemäß bei einer beschreibenden Perspektive, weil die Übertragung nach Europa aus vielfältigen Gründen gar nicht denkbar wäre. Zu unterschiedlich sind die jeweiligen Rahmenbedingungen und Voraussetzungen.

Kirchlich blickt man jedoch mit größeren Begehrlichkeiten auf diese Entwicklungen. Wer wäre nicht gerne dabei in einer „growing church"? Wenn es dort möglich ist, warum dann nicht auch hier? Diese missionarische Perspektive wird auf die europäischen Verhältnisse übertragen. Auftrag kirchlichen Handelns scheint es zu sein, dass sich die Kirchen wieder füllen. Das an bloßer Quantität ausgerichtete Missions-Kriterium verkennt jedoch die Verwandlungsfolgen des europäischen Christentums in der Moderne und erzeugt das dauerhaft unglückliche Bewusstsein, einen Anspruch erfüllen zu müssen, der nicht erfüllbar ist und auch gar nicht erfüllbar sein muss. Das europäische Christentum ist durch Aufklärung und Romantik hindurch einen Weg gegangen, der auf individuelle Überzeugung und religiöse Intellektualität setzt und nicht allein auf volle Kirchen. In der bewahrenden Fortführung dieses Erbes liegt sein Beitrag zum globalen Christentum.

Zweitens gerät unter den alarmierten Beobachtern mehr und mehr die Unterscheidung von Christentum und Kirche in die Kritik. Es mag zutreffen, dass es übertriebene Programme gab, die sich von weniger Kirche mehr Christentum versprachen. Darum aber die Unterscheidung ganz fallen zu lassen, die eine Reihe prominenter Theologen wie Paul Tillich und Karl Rahner mit ihren Erwägungen zum latenten bzw. anonymen Christentum beschäftigt hat, ist der falsche Schluss. Als Argument wird geltend gemacht, dass dieses Christentum außerhalb der Kirche empirisch gar nicht in Sozialformen aufweisbar sei. Damit wird jedoch nur eine vormoderne Identität von Christentum und Kirche proklamiert, die den gegenwärtigen Fortbestand des Christentums schlicht an die gegenwärtige Institution der Kirche bindet. Methodisch liegt hier derselbe Fehler wie bei der Orientierung an Besucher- und Mitgliederzahlen vor. Ein Idealbild der Vergangenheit, im Übrigen auch nur ein rein äußerliches, wird zum Maßstab der Gegenwart gemacht, die jedoch andere religiöse Praktiken zulässt und erfordert als die eines bloßen Anstaltschristentums.

In der starken Fixierung auf die kirchliche Verfasstheit des Christentums zeigt sich schließlich noch ein drittes Phänomen. Das jetzige kirchliche Leben ist durch das Kirchensteuersystem in seinem Fortbestand an die Mitgliederzahl gebunden, genauer: an die Zahl der Mitglieder, die Kirchensteuer bezahlen. Sinkende Zahlen sind darum nicht nur theologisch besorgniserregend, sie sind es auch ökonomisch. Denn sie gefährden langfristig den Fortbestand der jetzigen kirchlichen Strukturen. Unter Bedingungen einer stabilen Volkskirche ist die Kirchensteuer eine vernünftige Option zur Finanzierung der Kirche, sie ist im Gegensatz etwa zu amerikanischen Finanzierungssystemen von Kirchen und religiösen Gemeinschaften die vermutlich gerechtere Lösung, die Einkommensunterschiede fair ausgleichen kann. Sie gibt den Kirchen wichtige Spielräume, um ihren religiösen Auftrag angemessen zu erfüllen. Aber die sinkenden Zahlen machen das gegenwärtige Kirchensteuer- und Mitgliedssystem zu einer Fessel, denn sie lenken die gesamte Aufmerksamkeit der Kirche auf Mitgliederzahlen. Das Mitgliedschaftsrecht mit juristisch genau geregelten Ein- und Austrittsmodalitäten ist seit jeher pragmatisch überzeugend, aber theologisch unbefriedigend. Kann man tatsächlich einer Gemeinschaft, die ihrem Anspruch nach von dem unsichtbaren göttlichen Grund der Wirklichkeit lebt, so präzise bestimmbar angehören wie einem Schützen- oder Fußballverein? Das Kirchensteuersystem erweist sich im Verbund mit dem Mitgliedschaftsrecht mehr und mehr als ein goldener Käfig. Er legt von vorneherein alle Visionen kirchlichen Handelns darauf fest, Mitgliederzahlen zum Kriterium des Erfolgs zu machen – alles andere gefährdet den Bestand der Kirche in den vorhandenen Strukturen. Mitgliederzahlen sind eine Sache, der kosmische Trost des Christentums eine andere. Nicht stabile Mitgliedszahlen, sondern die Botschaft des Christentums ist es, die wichtig ist. Ein deutlicheres Anschauungsbeispiel für die ewige babylonische Gefangenschaft der Kirche wird sich kaum finden lassen.

Diese unglückselige Verbindung ist in doppelter Hinsicht desaströs. Denn mit dem Krisenbewusstsein geht erstens unweigerlich der Hang zu Strukturdebatten einher, die in einer unseligen emotionalen Gemengelage geführt werden. Sie wechselt zwischen panischer Verlustangst und selbstgefälliger Larmoyanz über die böse Welt, die scheinbar der Kirche den Rücken zukehrt. Tatsächlich wirkt die evangelische Kirche bisweilen wie ein ausschließlich mit sich selbst beschäftigter, seine Strukturen in ewigen Schleifen debattierender Stuhlkreis, der von Sorge um den eigenen Bestand und dem Ärger darüber angefressen und darum phantasielos geworden ist. Sorge und Ärger ersticken von vorneherein alle Gedankenspiele, wie ein anderes Mitgliedschafts- und Kirchenfinanzierungssystem aussehen könnte. Diese Festlegung ist zweitens auch theologisch erschreckend unterkomplex. Mit ihr gerät aus dem Blick, dass im Christentum seit jeher und auch gegenwärtig das Verhältnis zwischen Geist und Institution weit elastischer war und ist, als es sich mit den rechtlichen Bestimmungen eines Anstaltschristentums ausdrücken lässt.

Die ewigen, meist theologiefreien und von strategischen Überlegungen dominierten Strukturdebatten binden Ressourcen. Was hier an Energie investiert wird, fehlt notwendigerweise anderswo. In der Theorie und in der Praxis. Gegenwärtig geht es vor allem auf Kosten des inhaltlichen Tiefgangs und der theologischen Durchdringung des kirchlichen Auftrags. Die religiöse Gedankenverarmung ist eine offensichtliche Folge der kirchlichen Verlustangst. Die Minorisierungsängste und die damit einhergehenden Kränkungen rauben die Kraft zum ruhigen Nachdenken. Großwildhüter berichten, dass verletzte Raubtiere am unberechenbarsten seien. Das scheint auch auf Institutionen zuzutreffen. In vollkommener Verkennung ihrer Lage proklamierten vor einiger Zeit noch Texte der EKD ein theologisches Wächteramt über die Gesellschaft. Hier ist schon die Begriffswahl eine Entgleisung. Denn ein Wächteramt nehmen in der Regel nur iranische Ayatollahs für sich in Anspruch. Gegenwärtig äußert sich das Wächteramt als ein vollständig überpolitisiertes, in steter Betroffenheit moralisierendes und darum anstrengendes Christentum, das die Botschaft der Kirche mit den politischen Überzeugungen aus einer bestimmten Richtung gleichsetzt. Wolfgang Schäuble, selbst engagierter Protestant, hat dem jüngst deutlich widersprochen.[11] Nur weil er ein ranghoher Politiker ist, müssen seine Überlegungen noch nicht zwingend falsch sein. Den Konservativen Schäuble ärgert auch gar nicht in erster Linie die links-alternativ politische Positionierung, er bemängelt vielmehr die Auflösung des Religiösen ins Politische. Da ist etwas Wahres dran. Für Tipps zu *fair-trade*-Waren und Empfehlungen zum *slow food* braucht niemand eine Kirche. Als eine der Gefahren des Religiösen interpretierte Paul Tillich die Neigung zur Profanisierung, die Abkoppelung der Botschaft von ihrem transzendenten Grund. Anzeichen für dieses Hinüberdriften ins Seichte und Banale sind im deutschen Protestantismus gegenwärtig nicht zu übersehen. Der moralisch erhobene Zeigefinger steht zudem in einem eklatanten Widerspruch gegen die religiöse Freiheit des Individuums im Protestantismus. Der Einzelne bedarf keiner klerikalen Belehrung, sondern der pastoralen Begleitung, um sein Leben selbständig führen zu können.

Mit der Übermoralisierung und Überpolitisierung konkurrieren andere Modelle um die angemessene Strategie gegen den drohenden Bedeutungsverlust der Kirche. An der Debatte um den Kuschelgott ist richtig, dass es eine unübersehbare Tendenz im deutschen Protestantismus gibt, christlichen Glauben als eine mentale, esoterisch angehauchte Wohlfühlpraxis zu präsentieren. Das stellt zwar eine Anpassungsleistung an Zeitgeistfragen dar, in der man in sexualethischen oder dogmatischen Fragen auf vermeintlich liberale Antworten stoßen kann. Mit Kulturprotestantismus sollte man das jedoch nicht verwechseln. Denn die Kuschelreligion wirkt nicht in die Kultur hinein, sondern zieht sich aus ihr zurück in eine milieuverengte Rückzugsnische. Es ist der Geist des Playmobil-Luthers, der aus dem Wohlfühl- und Wellnessprotestantismus spricht. Nicht beruhigender sind die Tendenzen, durch Niveauabsenkung Aufmerksamkeit zu erheischen. Wenn eine ranghohe protestantische Internetseite biblische Geschichten als Obstgeschichten erzählt „Vater Ananas und der verlorene Sohn Banane" und sich Kirchenprominenz von Protestantomaten auf ihre Protestantismushaftigkeit befragen lässt, scheint ein didaktisches Missgeschick größeren Ausmaßes vorzuliegen. Kindgerechte Darstellung religiöser Sachverhalte ist in der religiösen Kindererziehung eine hohe Kunst, Infantilisierung als Strategie der Öffentlichkeitsarbeit hingegen fatal. Dunkle Fragen tauchen auf. Was würde der Welt eigentlich fehlen, wenn es diese Form von Religion nicht mehr gäbe?

Die drohende Gefahr der Selbstbanalisierung ist unübersehbar, darum formiert sich breiter Widerstand gegen die Ponyhof-Theologie. Er reicht von evangelikalen und halbfundamentalistischen Kreisen einerseits bis hin zu der erwähnten, strikt politisch-moralischen Fassung des Protestantismus andererseits. Gemeinsam ist diesem breiten Spektrum die Devise ‚Entschlossenheit' als probates Mittel im Kampf gegen die drohende Marginalisierung. Am Rande sei bemerkt, dass die allseits besungene Unübersichtlichkeit natürlich auch vor den Türen der Kirchen nicht haltmacht. Auch die Überpolitisierung kann zur Selbstbanalisierung des Christentums führen, wenn etwa *slow food* zur Kernbotschaft christlicher Weltverbesserung erhoben wird. Entschlossenheit allein bewahrt also nicht vor Bedeutungsverlust. Die mehrheitlich favorisierte Strategie verläuft auf der Linie des politischen Protestantismus jedoch in traditionelleren Bahnen. Man verspricht sich die Entschlossenheit von der Hinwendung zu einstmals großen Zeiten der Kirche. Die gegenwärtige Debatte, die Barmer Theologische Erklärung zu einem kirchlichen Bekenntnis zu erheben, wo sie dies nicht ohnehin schon ist, bietet ein aufschlussreiches Beispiel. Die gewünschte Entschlossenheit soll ein Dokument bieten, das in der Aura des Widerstandes gegen den Nationalsozialismus steht. Man übersieht dabei, dass erstens die Erklärung kein Dokument des Widerstandes, sondern ein Akt kirchlicher Selbstbehauptung gegenüber dem totalitären Staat war, dass zweitens der Staat und die politischen Rahmenbedingungen mit unseren heutigen Verhältnissen nicht in Ansätzen zu vergleichen sind und dass drittens die Barmer Theologische Erklärung aus ihrer bedrängten Zeit den Geist einer Gehorsamsreligion anruft, der in der an sich bewundernswerten Auseinandersetzung mit der faschistischen Ideologie gestählt wurde und gerade darum aber heute für viele keine anregende Auslegung protestantischer Freiheit für die Gegenwart sein kann.

Das Kirchenbashing vorzugsweise der eigenen Kirche ist eine beliebte und darum auch schon nicht mehr originelle Haltung unter Protestanten – schon gar nicht, wenn es sich wie gegenwärtig besonders beliebt auf eine einstmals ranghohe Vertreterin des Protestantismus einschießt. Es ist inzwischen langweilig, manchmal auch neidmotiviert, in jedem Fall nicht liberal großmütig, eine bestimmte Richtung und Position des deutschen Protestantismus, die ihre Anhängerschaft hat, abzuqualifizieren. Die Anmerkungen hier verstehen sich darum auch nicht als Kirchenbashing. Innerkonfessionelle Vielfalt ist seit jeher ein Markenzeichen des Protestantismus und von daher an sich nicht beunruhigend. Dem einen träufelt der politische Protestantismus Kraft ein, die andere wärmt das weiche Wohlfühlreligiöse, den anderen der Bibelkreis und wieder andere lauschen andachtsvoll einer Bachkantate. Es wäre an sich nicht zu beanstanden, wenn der deutsche Protestantismus Moralapostel, Ponyhof-Theologien, aber auch Neofundamentalisten und Bekenntniswütige hervorbringen würde – das tat er auf seine Art schon immer. Das Unbehagen entsteht, weil diese Positionen in sich unübersehbare Zeichen von Krisensymptomen zeigen. Die Positionen erscheinen untereinander kaum noch vermittelbar. Die Verarmung der theologischen Mitteilungsfähigkeit und das ausschließliche Kreisen um sich selbst waren für Luther die gravierendsten Fesseln der babylonischen Gefangenschaft der Kirche. In der theologischen Gedankenverarmung und der institutionellen Verlustangst unserer Tage kehren sie wieder.

3. ECCLESIA SEMPER REFORMANDA: DENKENDE FRÖMMIGKEIT

Wäre die Ressource Aufmerksamkeit die alles entscheidende Kategorie, dann könnte man aus liberaler Perspektive durchaus krachende Vorschläge für den 31. Oktober 2017 unterbreiten. Man könnte den nationalen Feiertag mit einer Gedenkminute für alle Opfer beginnen, die durch das Wüten religiöser Fanatiker aus den eigenen Reihen Schaden genommen haben. Auch für Protestanten gäbe es dann wahrlich genug zu schweigen. Man könnte in einem feierlichen Akt, an dem alle Bischöfinnen und Bischöfe der lutherischen Gliedkirchen beteiligt sind, den Namensteil ‚lutherisch' aus der Kirchenbezeichnung streichen. Es ist dies der einzige oder jedenfalls einer der ganz wenigen Fälle, in denen eine christliche Kirche den Namen eines Menschen trägt. Ein eklatanter Widerspruch in sich selbst, den Luther niemals gewollt hat. Wäre nicht das große Jubiläum ein willkommener Anlass, mit dieser Art der Menschenverehrung Schluss zu machen? Schließlich könnte man wahlweise entweder das Kirchenamt der EKD oder die Kirchenämter der VELKD und UEK mit der Erklärung öffentlich schließen, dass der wahre Geist der Reformation solche institutionsverliebten Doppel- und Vielfachstrukturen ausschließe. Gebäude und Finanzen würden deklatorisch der Integration von Flüchtlingen zur Verfügung gestellt. Für Aufmerksamkeit wäre bei diesen Aktionen allemal gesorgt, und sie entsprächen sicher mehr dem Geist der Reformation als die zu erwartenden Lutherprozessionen durch Wittenberg.

Doch wie es dem deutschen Protestantismus in seiner Minorisierungsangst gelingen könnte, wenigstens für einen Tag im Zentrum öffentlicher Aufmerksamkeit zu stehen, ist keine ernsthafte Frage, die sich aus dem Verständnis der Reformation als ewiger Protest ergibt. Darin kann nicht der Sinn der Reformation liegen. Das Reformationsjubiläum bietet vielmehr willkommene Gelegenheit, in Ruhe darüber nachzusinnen, was der Geist der Reformation für die Kirche heute bedeuten könnte.

In ihren Anfängen war die Reformation eine theologische Bewegung. Luthers Kritik am Ablass führte ihn weit über die Bedenken gegen eine missliche Kirchenpraxis hinaus mitten hinein in das Herz theologischer Fragen. Wie handelt Gott an den Menschen und was folgt für diese daraus? Luther fragte, wie der Mensch vor Gott gerecht werden könnte. Die Theologen des Neuprotestantismus haben stets darauf hingewiesen, dass die Art der Fragestellung noch ganz dem Mittelalter verhaftet sei. Darum kann es nicht darauf ankommen, Luthers Gedanken heute einfach nur immer und immer wieder zu wiederholen Er spricht aus der weiten Ferne des 16. Jahrhunderts. Es gilt, sein Anliegen dem Wandel der Zeiten einzufügen.

Das ist das Programm des Kulturprotestantismus. Die Reformation ist nicht die einmalige Rückführung auf eine Idealgestalt der Kirche, sondern der Durchbruch eines grundsätzlichen und ewigen Protests gegen alle Verabsolutierungen religiöser Ausdrucksformen. Das, was das Christentum zu sagen hat, ist stets größer und erhabener als das, was Menschen mit ihrer Sprache und ihren Vorstellungen artikulieren können. Darum kann die tragende Grundüberzeugung von der den Menschen wohlgesonnenen Gegenwart Gottes in der Welt auch nicht in einer bestimmten sprachlichen Gestalt aufgehen. Das gilt sowohl für die Bibel als auch für Luthers Theologie selbst. Sich hinter der theologischen Sprache vergangener Zeiten zu verstecken, mindert die Möglichkeiten, in der Gegenwart gehört zu werden. Was das Christentum als tragenden Grund seines

Weltverständnisses und darum als Grund seiner Hoffnung erlebt, muss stets hineinübersetzt werden in die sich wandelnde Lebenserfahrung der Menschen. Der vornehmlichste Ort dieser Übersetzungsleistung ist die Theologie – und zwar in doppelter Hinsicht: Theologie ist einerseits eine akademische, an der Universität im intellektuellen Austausch mit anderen Wissenschaften angesiedelte Disziplin, sie ist andererseits aber auch eine individuelle, private Tätigkeit der Nachdenklichkeit.

Die Unterscheidung in eine öffentliche Theologie und eine private Religion ist eine Errungenschaft des Aufklärungstheologen Johann Salomo Semler (1725-1791). Er beobachtete richtig, dass Menschen von sich aus ins Nachdenken geraten über die Fragen des Lebens. Im Nachdenken suchen Menschen Orientierung, woher sie kommen, wohin sie gehen und was mit ihrem Leben gemeint ist. Das Christentum stellt mit seiner großen theologischen Tradition Antworten auf diese Fragen bereit. Was die Kirchen öffentlich lehren, stellt einen kleinsten gemeinsamen Nenner dar und ist darum meist in einer abstrakten Begriffssprache gehalten. Davon zu unterscheiden ist der Gebrauch, den Menschen davon im Blick auf das eigene Leben machen. Die Anwendung bezieht sich auf die konkreten Lebensumstände, sie ist an unterschiedliche Denkvoraussetzungen gebunden und muss darum notwendigerweise individuell ausfallen. Semler wollte damit ein Doppeltes erreichen. Um ein Zerfließen des Christentums in all die individuellen Auslegungen zu verhindern, stärkte er die öffentlich proklamierte Theologie als verbindlichen Maßstab. Zugleich wertete er aber die Freiheitsspielräume der Religion in der Privatsphäre der Individuen enorm auf. Er gestand den Einzelnen zu, sich auch theologisch ihre eigenen Gedanken machen zu dürfen. Das ist eine intellektuelle und aufgeklärte Fortführung von Luthers programmatischem Aufruf zum Priestertum aller Gläubigen. Der liberale Protestantismus hat die Unterscheidung aufgenommen und produktiv an ihr weiter gearbeitet. Religion ist nicht das bloße Fürwahrhalten kirchlicher Lehrsätze, sondern ein inneres Erleben und eine persönliche Überzeugung. Die offizielle Theologie der Kirche fungiert dabei nicht als Gegner oder Kontrolleur, sondern als Anregung und Inspiration des privaten Nachdenkens.

In unseren Tagen hat dieses Programm der jüngst verstorbene Trutz Rendtorff prominent vertreten und den Protestantismus als einen unfanatischen Denkglauben definiert. Obgleich es an eindrucksvollen Repräsentanten nie gemangelt hat, ist diese kulturprotestantische Haltung aus dem öffentlichen Auftreten der evangelischen Kirche in Deutschland doch weit hinausgedrängt worden. Die Ursachen sind vielfältig und wären einer eigenen Untersuchung wert. Eine Rolle spielt der schlechte Ruf als ein zu optimistisches Vertrauen in die Kultur, der dem Kulturprotestantismus seit dem Zusammenbruch des Ersten Weltkriegs anhängt – teils zu Recht, teils ihm aber auch lauthals von seinen Gegnern angeheftet.

Die Tradition des Kulturprotestantismus bemüht sich hingegen um einen doppelten Ausgleich. Sie versucht, die Tradition mit der Gegenwart und die akademische Theologie mit dem privaten religiösen Nachdenken zu verbinden. Tiefgang erhält eine Religion durch ihren Bezug zur Tradition. Das schließt die grundsätzliche Bereitwilligkeit mit ein, sich hineinzustellen in einen Überlieferungszusammenhang, der größer ist als der Einzelne. Und doch ist es der Einzelne in seiner Gegenwart, an dem sich die Überlieferung mit ihrer lebensorientierenden Kraft zu bewähren hat. Die dafür erforderliche Übersetzungsleistung erfordert erstens Menschen mit einem hohen Maß an theologischer Bildung, um als Vermittler der Tradition auftreten zu können, sie ist zweitens an die Aufgabe gebunden, das religiös Nachdenkliche in Menschen zu fördern und zu begleiten. Eine gewisse Kopflastigkeit wird man dem kulturprotestantischen Ansatz nicht absprechen können, aber im Kontext einer Religion, die immer eine denkende Religion war, muss dies an sich nicht ehrenrührig sein.

Die Reformation hat sowohl die Akademisierung der Pfarrerschaft als auch die Steigerung theologischer Bildung angestoßen und damit eine enge Verzahnung von Theologie und Kirche im Protestantismus eingeleitet. Sich daran anlässlich des Reformationsjubiläums wieder zu erinnern, wäre ein probates Mittel gegen die religiöse Gedankenentropie. Zwar wird von Seiten der Kirchenleitungen an der wissenschaftlichen Ausbildung der künftigen Pfarrerinnen und Pfarrer und Lehrerinnen und Lehrer festgehalten, im späteren beruflichen Werdegang bleibt vieles davon jedoch brachliegen. Ein Auseinanderdriften zwischen einer sprachlich in den engen Bahnen der Tradition sich bewegenden Kirchentheologie und der akademischen Theologie ist unübersehbar. Eine Gestalt wie Richard Rothe, die beides anspruchsvoll zu verbinden wüsste, ist nicht in Sicht. An der Enttheologisierung des kirchlichen Lebens ist sicher auch die akademische Theologie nicht schuldlos. Es ist das Vorrecht der Wissenschaft, sich in Fragen verlieren zu dürfen, die für die Praxis zunächst gar keine Folgen haben müssen. Dazu gehören philologische Beobachtungen, die Aufdeckung historischer Zusammenhänge und die Durchdringung faszinierender Gedankensysteme. Sie machen den Reichtum der Theologie aus. Nur sollte man auch andere daran teilhaben lassen und Mühen darauf verwenden, Impulse für eine breitere christliche Nachdenklichkeit als Grundzug moderner Frömmigkeit zu geben.

Die Folgen des Auseinanderreißens von Kirchentheologie und akademischer Theologie sind durchweg betrüblicher Art. Sie führen zu einem Kommunikationsabbruch, der am Ende die Menschen einer bibel- und bekenntnisverliebten Verkündigungstheologie ausliefert, die die Menschen mit ihren Fragen zu Gott und der Welt allein lässt, denn sie erreicht sie nicht mehr. Verständlich ist sie nur allein denen, die in diesem eingezäunten Sprachspiel zuhause sind. Eine Chance, von anderen verstanden zu werden, besteht kaum. ,Sondergruppensemantik' nannte Falk Wagner, einer der klügsten Beobachter des deutschen Protestantismus in den letzten Jahrzehnten des 20. Jahrhunderts, diese Kommunikationsform, die Anhänger selbst reden liebevoll von der ‚Sprache Kanaans', gemeint ist in beiden Fällen dasselbe Phänomen. Das Problem ist nicht neu. Dietrich Bonhoeffer (1906-1945) beschäftigte sich in seinen letzten Briefen mit der Frage nach einer der Moderne angemessenen religiösen Sprache. Wie seine eigene Lösung am Ende ausgesehen hätte, wissen wir nicht, da er zu früh sterben musste. Dass er der vorherrschenden Verkündigungstheologie, aus der er eigentlich selbst kam, immer skeptischer gegenüberstand, dokumentieren die späten Briefe jedenfalls eindrücklich. „Friss Vogel, oder stirb"[12] nannte Bonhoeffer die Strategie, die einen entweder in die Verkündigungssprache hineinzwingt oder verloren dastehen lässt.

Zwischen der christlichen Botschaft und der individuellen Lebensführung zu vermitteln, ist die große Aufgabe des Kulturprotestantismus. Darin ist seine Aktualität begründet. Die Vermittlung von Theologie und Religion geschieht über die Anregung zu einem Umgang mit dem Leben, den man am treffendsten als Nachdenklichkeit bezeichnen könnte. Der Begriff befreit den Kulturprotestantismus von seinen bildungsbürgerlichen Festlegungen vergangener Zeiten. Zum Kulturprotestantismus gehört die Freude an Johann Sebastian Bach und Thomas Mann, zu ihm gehört aber auch noch mehr und anderes. Nachdenklichkeit ist ein Lebensvollzug, der unabhängig von Bildungsabschlüssen geschieht. Sich über das Leben Gedanken zu machen, gehört zum Menschsein dazu. Die Inhalte des christlichen Glaubens sind keine abstrakten dogmatischen Gedankenspiele, sie behandeln die großen Fragen des Lebens. Verkündigung heißt darum nichts anderes als die Fragen mitsamt ihren Antworten hinein zu übersetzen in die konkreten Lebenszusammenhänge. Sie regt die Menschen so zu einer Sicht an, die sich der Weite und Tiefe, der Schönheit und Unfassbarkeit ihres Lebens stellt.

Wie sich diese denkende Frömmigkeit inhaltlich orientieren kann, sei hier kurz skizziert. Ein gutes Beispiel dafür, dass klassisch theologische Fragen große Lebensthemen berühren, liefert bereits Luthers Kernbotschaft von der Rechtfertigung des Sünders. Luther greift in seiner reformatorischen Grundeinsicht auf ein theologisches Denkmodell zurück, das Paulus im Römerbrief entwirft. Unter

Berufung auf den Propheten Habakuk schreibt Paulus, dass die Gerechtigkeit, die vor Gott gilt, allein die ist, die aus dem Glauben kommt (Rm1,17). Sie ist es, die den Menschen vor Gott gerecht macht, nicht seine Verdienste (Rm 3,28). Die Kräftigkeit des Glaubensbewusstseins war für Paulus eine Form, in der sich die erlösende Kraft der bleibenden Gegenwart Christi in den Menschen entfalten konnte. Für Paulus war das „In-Christus-Sein" das entscheidende Existenzgefühl des Christen. Er beschrieb es in mehreren Anläufen, als sakramentales Hineingenommen-Werden in das Leben und Sterben Christi (Rm 6), als Erfahrung der Freiheit, aber auch als Erfahrung der unauflösbaren Schuld (Rm 7), als Einwohnung des Geistes Christi, als Präsenz der Gnadengabe der Liebe (1 Kor 13), als Gewissheit der Auferstehung (1 Kor 15) und als mystische Entrückung über die Welt hinaus (2 Kor 12). Die Beschäftigung mit den Einsichten der Exegese lehrt, wie Paulus die Christusgegenwart als das Hauptmerkmal des neuen Äons begriff. Er beschrieb sie vor allem in ihren vielfältigen Wirkungen und ihrer erlösenden Kraft. Luther griff mit treffsicherem Gespür eines der paulinischen Erlösungsmodelle heraus, das in seine Zeit, ganz besonders aber in seine Situation hineinsprach. Vor dem Hintergrund spätmittelalterlicher Bußfrömmigkeit stellte sich die Frage, wie ein gottgefälliges Leben aussehen sollte. Luther arbeitete sich daran ab, dass der Mensch aus eigener Kraft zu einem solchen Leben gar nicht in der Lage war. Das kontinuierliche Studium des Paulus öffnete ihm schließlich die Augen. Der Mensch konnte aus eigener Kraft ein gottgefälliges Leben gar nicht führen, er musste es auch nicht. Das göttliche Wohlwollen, das er im Anschluss an die theologische Tradition Gnade nannte, liegt allem menschlichen Tun immer schon voraus. Gnade ist der Grund menschlicher Freiheit. Luther führt damit nicht einfach weiter, was Paulus angefangen hatte. Er spitzte Paulus zu und konzentrierte seine Botschaft auf das Anliegen, das ihn beschäftigte. Das ist eine theologisch meisterhafte Übersetzungsleistung. Will man allerdings Paulus in seiner ursprünglichen Weite verstehen, dann muss man ihn ‚entlutherisieren'.[13] Nicht anders gilt es heute, in der Übersetzung der christlichen Erlösungsbotschaft in die Gegenwart hinein, den weiten Horizont vor Augen zu halten und auf das Gegenwärtige zu konzentrieren. Einmal mehr: Im Gefolge Luthers Theologie zu treiben, kann nicht heißen, ihn einfach zu wiederholen, sondern seine

Idee der Freiheit gegenüber der je eigenen Tradition umzusetzen. Was Luther noch ganz eingebettet in das Denksystem des späten Mittelalters als Frage nach einem gerechten Gott stellte, transformiert sich im Neuprotestantismus zu der grundsätzlichen Frage nach dem Sinn. Was ist unser Platz in dieser Welt, warum und wozu sind wir hier?

Die klassischen Lehrbestände des Christentums enthalten Themen, die zu wichtig und auch zu interessant sind, um sie in kerygmatischer Sondergruppensemantik oder abstrakter Spekulation aus dem Verkehr zu ziehen. Vielmehr gilt es, sie auf die gegenwärtige Lebenserfahrung hin durchsichtig zu machen. Die christliche Vorstellung von Gott thematisiert, dass die Welt nicht nur die Laune eines großen kosmischen Zufalls ist, sondern einem letzten und alles umfassenden Grund entspringt. Dieser Grund ist kein abstraktes Prinzip, sondern gibt sich als Person, als ein Gegenüber, als ein Wille, als eine Absicht zu erkennen. Die Absicht Gottes mit der Welt enthüllt sich im Fortgang der Geschichte, sie kulminiert im Leben, in den Worten und in den Taten Jesu von Nazareth. Geheimnisvoll offenbart sich in seinem Sterben eine radikale Umkehrung und in dem, was das Christentum als Auferstehung bezeichnet, eine nicht minder radikale Durchbrechung des ewigen Selbsterhaltungskampfes des Lebens. Im Leben und Sterben Jesu wird ein die Welt unfassbar tragendes göttliches Wohlwollen sichtbar, das die Welt, wie wir sie zu kennen meinen, in einem ganz anderen Licht erscheinen lässt. Unfassbar und doch spürbar weht in ihr der göttliche Geist. Unter dem Begriff der Schöpfung werden in der christlichen Tradition die Erfahrungsdeutungen zusammengefasst, in denen sich ein höherer Sinn des Naturganzen erschließt, der Menschen zutiefst dankbar, aber auch ehrfürchtig stimmt.

Dabei können literarische Beschreibungen helfen, die Sache mit Leben zu füllen. In einem Brief an seine Frau Olga schildert Václav Havel, wie er eines Tages als politischer Häftling vom Gefängnishof aus durch den Ausblick in die Natur in Bann geschlagen wird. Die Schönheit der Natur macht vor den Stacheldrähten nicht halt. Havel geriet in „eine versöhnte, ja fast zärtliche Zustimmung zu dem unausweichlichen Lauf der Dinge", die ein tiefes Ergriffensein auslöste: „Das tiefe Staunen über die Souveränität des Seins verwandelte sich in den Taumel unendlichen Fallens in den Abgrund seines Geheimnisses." Ihm leuchtete auf, dass all das, was er durchlebte, „offenbar irgendeinen tiefen Sinn hat."[14] Havel selbst hat sich nie als ein Christ im kirchlichen Sinn bezeichnet. Aber im Gespräch mit den Menschen kommt es nicht auf dogmatische Zustimmung an, es kommt auf den Austausch ihres Welterlebens an, um durch die Erfahrungen anderer einen anderen Blick auf die Welt zu gewinnen. Die Literatur ist dazu ein vorzügliches Mittel. Gegner des Kulturprotestantismus wittern in der Öffnung zur Musik, Kunst, Literatur oder auch zu Phänomenen der Alltagskultur, die auf die Zumutungen der klassischen Verkündigungssprache verzichtet, die Preisgabe der Identität des Christentums. Bizarr an dieser Kritik ist, dass sie aus einer theologischen Richtung kommt, die durch ihre theologische Spezialsprache die Volkskirche mehr und mehr aus nachvollziehbaren Debatten herausmanövriert und in eine Sekte mutiert.

Das Aufgehobensein in einer höheren Ordnung kann nicht vorübergehen an dem unerklärlich Dunklen in der Welt. Religiöses Weltverstehen gießt keineswegs über alles Sinn wie Soße über Knödel. Zur Religion gehört essentiell die Einsicht in das Absurde, Fragwürdige und Böse. Religion ist eine bewährte Möglichkeit, sich mit dieser Seite des Lebens auseinanderzusetzen. Denn sie bietet Gelegenheit, das Sinnlose, Absurde und abgründig Düstere – sei es denkend in der Theodizee oder klagend in der Liturgie – zu benennen und nicht einfach zum Verschwinden zu bringen. Es zählt zu den tiefen Grundeinsichten des Christentums, dass das Böse dem Menschen nicht einfach nur draußen in der Welt begegnet, sondern auch tief in ihm selbst – ein Gegner, der größer ist als der Mensch. Die Überwindung des Bösen erfährt der Mensch darum als ein gütiges und geschenktes Herausführen aus seiner Verlorenheit. Die religiöse Haltung begnügt sich nicht mit der Larmoyanz von Menschen, die es damit gut sein lassen, dass es im falschen Leben kein richtiges geben kann. Das Christentum hält an dem Geheimnis fest, dass sich in der Welt immer wieder und der Welt zum Trotz ein das Absurde und Böse übersteigendes Wohlwollen zeigt. Die religiöse Haltung ist Widerstand gegen die Welt und Tapferkeit gegenüber dem Absurden.

Das Festhalten an dem Geheimnis einer unerklärlichen Güte wirkt tief hinein in das Leben. Was die dogmatische Tradition Gnade oder Rechtfertigung nennt, findet reichlich Anhaltspunkte in der Lebenserfahrung. Es gibt Augenblicke und Begebenheiten, in denen sich im Menschen unverfügbar, von ihm nicht herbeiführbar die Gewissheit einstellt, dass es die irgendwie stets ersehnte Erfüllung des eigenen Lebens erstens tatsächlich gibt und dass sie zweitens mehr ist, als er selbst mit all seinem Tun dazu beitragen kann. Menschen erfahren die Erfüllung als einen Moment, in dem sie ihr Leben als ein gutes und gelingendes sehen, und zwar unabhängig von all ihren Mühen, ein gutes und gelingendes Leben daraus zu machen. Diese Erfahrungen mögen sich häufig nur ahnungsweise einstellen, sie legen dennoch die Saat für eine tiefe religiöse Freiheit. Was die Tradition Gnade nennt, macht den Menschen frei davon, den Grund seines Daseins selbst legen zu wollen. Er erfährt das Leben von einem Sinn getragen, den er ihm selbst nicht beilegen kann – und auch gar nicht muss. Sein Dasein dient nicht irgendwelchen Zwecken und Zielen, sondern ist sich selbst genug.

In seiner religiösen Welterfahrung ist der Mensch niemals allein. Es ist das Wesen der christlichen Kirche, die Gewissheit göttlicher Gegenwart in der Welt und für andere Menschen zu repräsentieren. Das kirchliche Leben verdankt sich nicht sich selbst, sondern ist bleibend durchsichtig auf diesen

Grund, der größer ist als die Kirche selbst. In dieser Durchsichtigkeit ist die Gemeinschaft der Kirche die unerlässlich bleibende Kraftquelle religiöser Vergewisserung. Konfessionelle Ausprägungen sind unterschiedliche Akzentsetzungen der Vergewisserung. Sie ereignet sich im Zuspruch oder in der Feier der sakramentalen Gegenwart und darüber hinaus in vielfältigen Prozessen der Begleitung von Menschen. Das Heilige – so die protestantische Grundüberzeugung – ist größer als die Kirche und zeigt sich darum auch nicht allein in der Kirche, aber ohne die Kirche gäbe es keine Vermittlung, keine Feier, kein Bewusstsein des Heiligen in der Welt.

Schließlich münden die theologischen Fragen des Christentums ein in die große Frage nach dem Sinn des Ganzen. Das Christentum liest aus der Welt, aus den Erfahrungen ihrer unfassbaren Schönheit, aber auch ihrer schrecklichen Absurdität Spuren einer künftigen Vollendung heraus. Das gilt für das Schicksal des Einzelnen, aber auch für die Welt im Ganzen. Mit der Frage nach dem Ende der Welt ist das Christentum nicht allein, sie beschäftigt Menschen, seit es Menschen gibt. Im Kontext der Wissenschaften denken Physiker darüber ebenso nach wie Philosophen – man darf darum mit interessierten Gesprächspartnern rechnen. Die Hoffnung auf eine künftige Vollendung der Welt ist nicht – wie so häufig kolportiert – eine die diesseitigen Kräfte lähmende Vertröstung auf ein fernes Jenseits. Im Gegenteil, sie ist Quelle eines ewigen Protests gegen die Dinge, wie sie sind. Sie bewahrt davor, sich in einer reinen Diesseitigkeit einzuschließen und eröffnet den Ausblick auf eine andere Dimension. Diesen eschatologischen Vorbehalt der Welterfahrung hat Ernst Troeltsch unüberbietbar treffend auf den Punkt gebracht: „Das Jenseits ist die Kraft des Diesseits".[15]

Das Christentum hat diese Fragen niemals allein in seiner dogmatischen Tradition behandelt. Als denkende Religion hat es eine große theologische und dogmatische Tradition hervorgebracht, deren Meisterwerke von Origenes, Augustinus, Thomas von Aquin bis in die großen Systementwürfe der Moderne bei Friedrich Schleiermacher und Paul Tillich von ihrer begrifflichen Kraft her Bewunderung abverlangen. Doch die Fragen sind zu gewichtig, um sie allein in der kühlen Sprache des Begriffs behandeln zu können. Die Kulturgeschichte des Christentums ist eine fortwährende Expansion in die unterschiedlichsten Kulturformen hinein. Das Christentum nutzt deren mediale Vorzüge, um das Leben im religiösen Sinne besser zu begleiten und zu verstehen. Die Musik spricht mit Kraft unmittelbar zum Herzen, die Kunst erreicht mit dem Glanz des Sichtbaren das innere Auge und kann ganze Vorstellungsuniversen aufleben lassen, die Literatur hat die außergewöhnliche Macht, durch die Feinheit eines Erzählgefüges nahe und konkret an das tatsächliche Leben heranzukommen. Václav Havels Gefängnisbrief liefert ein treffliches Beispiel für die inspirierende Kraft literarischer Erfahrung.

Seit jeher hat sich das Christentum dieser Kulturformen bedient, in der Moderne tritt jedoch ein markanter Wechsel ein. Die Kulturformen werden den klassischen Ausdrucksweisen christlicher Botschaft in Dogma, Predigt und Liturgie ebenbürtig, ja nicht wenige Künstler nehmen im 19. Jahrhundert für sich in Anspruch, die wahren Priester des Heiligen zu sein. Das ist ein in sich hochkomplexer Prozess, aber so viel wird man daran zweifelsohne festhalten können: Die populär-vulgäre Auffassung der Säkularisierung als einer voranschreitenden Entzauberung der Welt seit der Aufklärung ist ein zu simples Erklärungsmodell, es gibt gute Gründe, die Moderne als eine Verwandlung zu begreifen, in der sich die religiösen Gehalte auch und vermehrt in anderen Formen aussprechen.

Der Kulturprotestantismus ist die theologische Strömung des Christentums, die für diese Verwandlung offene Augen und ein weites Herz hat. Weniger Dogma und weniger Institution muss nicht notwendigerweise weniger Christentum bedeuten. Die großen Themen, die die Menschen beschäftigen, bleiben auch in der Moderne, die Formen ihrer Vermittlung verändern sich. Da die Kirche nach protestantischer Überzeugung niemals ein Selbstzweck ist, bedeutet die Verwandlung auch eine Veränderung der verfassten Kirche und ihrer Strukturen. Solange es Menschen gibt, werden sie sich mit den großen Fragen nach dem Sinn ihres Daseins und dem Gelingen beschäftigen. Solange das Christentum sich die Mühe macht, seinen großen Antwortschatz, der unzählige wichtige abendländische Denktraditionen aufnimmt, auf die gegenwärtige Lebenserfahrung hin zu entfalten, wird es Gesprächsinteressierte finden und Menschen zum Nachdenken bewegen können. Dabei geht es immer zuerst und zunächst darum, dass der Trost des Christentums in die Welt kommt. Die Kirche ist dazu das Mittel, nicht der Zweck.

4. GESTALTWANDEL UND AUFBRUCH DER KIRCHE

Die Herausforderungen, die die Moderne dem Christentum stellt, sind unbestreitbar groß. Zumindest in Gestalt der westlichen Moderne ist die offensichtlich größte Herausforderung die der schwindenden Bedeutung der Institution, der klassischen Dogmen und ihrer Moralvorstellungen. Es gibt – daran sei noch einmal erinnert – mehrere, sehr unterschiedliche Strategien. Zu mehrheitlichen Teilen reagiert das Christentum ablehnend auf diese Entwicklungen. Identifiziert man Christentum mit festen Lehren, vollen Kirchen, mächtigen Amtsträgern und Predigern, ist das auch richtig – und keineswegs ohne Erfolgsaussichten. Global gesehen sind es vor allem die fundamentalen Erscheinungsformen des Christentums, die wachsen. Auch in der europäischen Theologie aller Konfessionen sind Vorlieben für die vormodernen Strukturen des Christentums verbreitet, die Gegenwart wird als Vertreibung aus einem einstmaligen irdischen Paradies des Christentums erlebt. Es überrascht nicht, dass aus dieser Ecke das Ende der liberalen Ära ausgerufen wird.

Die kulturprotestantische Haltung ging und geht einen anderen Weg. Tempora mutantur et nos in illis:

Die Zeiten ändern sich und wir uns mit ihnen – das gilt auch für das Christentum. Die Moderne ist ein kultureller Aufbruch, der auch vom Christentum einen Gestaltwandel erfordert. Das europäische Christentum muss nicht zwangsläufig immer nur zurückschauen, um sich an vermeintlich besseren Zeiten Idealbilder für die Zukunft abzusehen. Das ist eine binnenkirchliche Blickverengung. Man kann auch in die andere Richtung schauen und sich öffnen für die Menschen, denen die Kirche selbst institutionell offensichtlich zu eng, dogmatisch zu übereindeutig und in ihrer Verkündigungssprache unverständlich ist, die aber dennoch ein Interesse an den großen Fragen des Christentums haben und nicht ganz aus der Kirche ausziehen. In Deutschland dürften das etwa 20 Millionen Menschen sein. Es sind die, die nicht zur Kerngemeinde gehören und dennoch wenigstens in den westlichen Bundesländern an der Kirche festhalten. Diese schweigende Mehrheit, die vermutlich auch in das offiziell kirchenfernere Milieu hineinreicht, spielt in den Missionsphantasien einer allein an Wachstum oder Rückkehr zu früheren Formen interessierten Kirchenstrategie keine ernsthafte Rolle. Noch sind sie ja Mitglieder und zahlen Kirchensteuer. Von seiner Anlage her fühlt sich der

Kulturprotestantismus dieser offenen Religionsform verbunden und darum auch kirchlich für sie zuständig.

Auch der Kulturprotestantismus kann und muss das Rad nicht neu erfinden, Grundstrukturen und Formen des kirchlichen Lebens wie den Gottesdienst und das sakramentale Leben gibt es, solange es das Christentum gibt. Im Übrigen – der fachinterne Hinweis ist hier am Platz – soll es im Folgenden nicht um ein Dilettieren auf fremden Feldern gehen. Traditionellerweise ist in der akademischen Theologie die Disziplin der Praktischen Theologie mit den Gestaltungsfragen befasst und dort auch in besten Händen. Hier kann es nur darum gehen, an drei grundlegende Ideen zu erinnern, die sich von der liberalen Theologie her für die Gestaltungsfragen der Kirche ergeben. Sie sind leicht auf den Punkt zu bringen: Erstens Offenheit für die vielfältigen Realisierungsformen christlicher Ideale, zweitens Stärkung von Personen, denn es sind Personen, die Religion als Haltung leben und einüben, drittens Rückbau anonymer Strukturen. Das, was das Christentum ausmacht, liegt in seiner Botschaft. Die Botschaft bedarf einer institutionellen Verankerung. Ohne Kirche kann es kein Christentum geben, denn von ihrem

Wesen her drängen die christlichen Überzeugungen danach, in einer sozialen Gestalt vergewissert und gelebt zu werden. Der Satz „Ich kann auch ohne Kirche Christ sein" ist kein Bestandteil des kulturprotestantischen Credos. Zum Erbe der Reformation zählt es jedoch, die Begründungslast umzukehren. Nicht die Christinnen und Christen sind für die Kirche da, sondern umgekehrt, die Kirche ist für die Christinnen und Christen da. Kirche ist ein Instrument, ein Mittel zum Endzweck des göttlichen Geschichtsplans, sie ist nicht dieser Endzweck selbst. Diese Umkehrung schließt beides ein: als unerlässliches Mittel bedeutet dies einerseits eine Hochschätzung der institutionellen Kraft, Kirche ist aber eben nur Instrument, was andererseits eine große Freiheit in ihrer Gestaltung eröffnet.

(1) Daraus folgt ein offener Blick dorthin, wo sich christliche Ideale auch außerhalb der Kirchenmauern realisieren. Zu den zweifelsohne besseren Veranstaltungen des Reformationsjubiläums zählen jene, die nach dem Zusammenhang von Reformation und Moderne fragen. Dabei sollte es freilich nicht darum gehen, die Rückführung auf die Reformation zum Ausweis der Legitimität der Neuzeit einzusetzen. Es ist an den neuprotestantischen Einspruch zu

denken, dass es eine solche unmittelbare Herleitung nicht gibt. Die Reformation hat nicht die Demokratie und auch nicht die Menschenrechte in die Welt gebracht, genauso wenig wie den Kapitalismus und die Religionsfreiheit. Sie ist eine Epochenzäsur, aber nicht die einzige und auch nicht die letzte für uns heute entscheidende. Mit der Reformation hat etwas angefangen, was erst dann auf dem Weg durch die Geschichte geworden ist. Es lohnt sich, mit Richard Rothe weiterzudenken. Die demokratischen Staaten des Westens realisieren in ihrer Sozialfürsorge zwar in der abstrakten Form der Amtsbürokratie, aber dennoch unübersehbar Ideale christlicher Nächstenliebe und Solidarität. Noch weit faszinierender ist das überwiegend hohe soziale Engagement des Einzelnen, sei es in einer unterstützenden Haltung, sei es in Taten. Die Rechtssysteme bauen auf einem Menschenbild auf, das Personen geradezu geheiligte Persönlichkeitsrechte einräumt. In Kunst, Literatur, Musik finden sich neben dem offensichtlich auch vorhandenen Banalen und Seichten tiefgehende Auseinandersetzungen mit den großen religiösen Fragen, nach der Herkunft und Zukunft des Menschen, nach Gelingen und Scheitern des Lebens. Das alles geschieht meist ohne expliziten

Bezug zum Christentum und ist doch eine implizite Realisierung christlicher Ideale. Es wäre verfehlt und vorschnell, dies als säkularisierte Formen abzutun, weil es außerhalb erkennbarer kirchlicher Strukturen und jenseits christlicher Deklarationen stattfindet. Die Kirche ist nur ein Mittel, und wenn es andere Mittel gibt, christliche Ideale in dieser Welt zu verwirklichen, dann ist das ein Anlass zur Freude und nicht zur Besorgnis. Das ändert die Blickrichtung auf die moderne Kultur. Wer heute davon träumt, dass die Kirchen wieder so mächtig und voll werden, wie sie es vielleicht einstmals waren, sollte bedenken, dass er sich damit auch zurück in autoritäre und freiheitsarme Zeiten wünscht, in denen niemand leben möchte. Die Moderne an sich ist kein Feind des Christentums. Wer offene Augen hat, sieht in ihr vieles, woran die christliche Botschaft anknüpfen kann.

(2) Das liberale Kirchenverständnis basiert darauf, dass die Kirche nicht um ihrer selbst willen da ist. Maßgabe ihrer Gestaltung ist darum also nicht ihr institutioneller Selbsterhalt, sondern die Suche nach den bestmöglichen Wegen, mit den Menschen in ein Gespräch über die großen Fragen des Lebens einzutreten und sie auf ihrer Suche nach Sinn mit

den Antworten des Christentums zu unterstützen. Dazu gehört selbstverständlich das sichtbare Inventar einer Institution, die Kirche als Gebäude, die mit ihren Türmen, Kreuzen und Gewölben in die Kulturlandschaft der Stadt und der Natur eingelassene Spuren der göttlichen Gegenwart in der Welt verkörpert. Dazu zählt die sichtbare Zusammenkunft von Menschen, die in den Räumen der Kirche Besinnung und Andacht üben. Das schließt die unsichtbare Hand institutioneller Bereitstellung ein. Sie sorgt dafür, dass diese Gebäude erhalten werden, Menschen in ihnen predigen, Religion unterrichtet, Menschen getauft, getraut, bestattet und seelsorgerlich begleitet werden. Aber das Herzstück all dieser notwendigen Facetten des kirchlichen Lebens sind die Menschen, die die Botschaft des Christentums leben und anderen vermitteln. Förderlich sind darum allein die Strukturen, die die Möglichkeiten der Einzelnen erhöhen, Religion in der Lebenswirklichkeit zu leben. Dazu zählt die Teilnahme am gemeinschaftlichen Leben der Kirche, dazu zählt aber auch die individuelle Umsetzung im Nachdenken über das eigene Leben und die daraus sich ergebenden Folgen für die Lebensführung. Der Beitrag der Kirche als Institution zu dieser Art der Kontemplation geschieht über Menschen als Vertreter eben dieser Institution, die durch ihre Ausbildung und ihre Kenntnisse in besonderer Weise in Stand gesetzt sind, Menschen in ihrem religiösen Weltverstehen zu fördern und zu begleiten. Die Reformation hat darum den Pfarrberuf aufgewertet und die Ausbildung akademisiert, frühe Kulturprotestanten wie Schleiermacher sprachen im Dunstkreis der Romantik von religiösen Virtuosen. Das kulturprotestantische Amtscharisma gründet auf der Rolle der Pfarrerin oder des Pfarrers als eines religiösen Intellektuellen, eines theologisch gebildeten und sich stetig weiter bildenden Berufsvertreters seiner Religion, eines literarisch und im sprachlichen Ausdruck versierten Gelehrten, den der Hauch der Schriftgelehrsamkeit, der Bildung und der Erkenntnis umweht, kurzum einer Person, die zum Gesprächspartner und Begleiter in Lebensfragen zu haben, immer interessant sein muss. Demgegenüber stehen Rollenbilder, die die Pfarrerin oder den Pfarrer als mit göttlicher Autorität ausgestatteten Herold höherer Botschaften – die protestantische Variante des Klerikalismus –, als moralischen Weltverbesserer, als politischen Prediger oder als empathischen Einfühler sehen wollen. In Anbetracht dieser Perspektiven könnte es jedenfalls nicht schaden, wenn das kulturprotestantische Pfarrerbild wieder mehr aus seiner Versenkung herauskäme. Ob es in Anbetracht der akuten Nachwuchskrise den Pfarrberuf interessanter macht, wird man nicht versprechen dürfen, aber es würde die Kirche wenigstens wieder stärker zu einer Heimstatt machen für Menschen, für die kirchliche Praxis und Theologie nicht zwei Paralleluniversen sind und für die religiöses Nachdenken ein essentieller Bestandteil der christlichen Religion ist. Natürlich wirken und leben diese Menschen schon jetzt in der Kirche, aber von bedachten und nachdenklichen Menschen kann es gerade in unseren Tagen nie genug geben.

Den von kulturprotestantischer Seite hoch angesetzten Stellenwert des Pfarrberufs unterstützen auch die neueren soziologischen Untersuchungen, die allen Unkenrufen zum Trotz doch wenigstens in der Rolle der Pfarrerin und des Pfarrers eine unangefochten feste Größe des christlichen Erscheinungsbildes in der Öffentlichkeit sehen. An den Pfarrberuf sind viele Herausforderungen geknüpft, in einer klassischen Einteilung müssen Pfarrerinnen und Pfarrer Prediger, Lehrer und Seelsorger in einem sein. Es handelt sich in jedem Falle also um einen Beruf, der hohe kommunikative Kompetenzen erfordert.

Das ist in den verschiedenen Bildern vom Pfarrberuf auch ganz unstrittig. In kulturprotestantischer Perspektive bietet der Beruf über die Rolle des Predigers und Lehrers hinaus bemerkenswerte Möglichkeiten, mit Menschen ins Gespräch zu kommen. Der Amtsbonus stellt Optionen bereit, von denen andere Berufsgruppen meist nur träumen können. Menschen öffnen Pfarrerinnen und Pfarrern bereitwillig ihre Häuser und lassen sie Einblick in ihr Leben nehmen. In der Kasualbegleitung gilt das nicht nur für die Kerngemeinde, sondern für sehr viel breitere Kreise. Kaum ein Beruf findet so rasch Zugang zu den unterschiedlichsten Schichten der Bevölkerung. Dieser Vertrauensvorschuss verdient Gegenseitigkeit. Nicht klerikale Verkündigung ist am Platze, sondern ein waches Gespür für Menschen in ihren Lebenssituationen. Die Anforderungen an diese Situationen sind immens, sie werden von außen chronisch unterschätzt. Es bedarf dazu einer hohen theologischen Kompetenz, eines feinen Gespürs, didaktischen Geschicks und einer außerordentlichen Übersetzungsleistung.

Der Protestantismus war und ist eine Pastorenkirche. Das ist keine Abwertung anderer Berufsgruppen. Allzumal Kulturprotestanten wissen ein Lied davon zu singen, dass mancher Gottesdienst nur durch Kirchenmusikerinnen und Kirchenmusiker gerettet wurde. Sie leisten Großartiges. Kirchenmusik ist unter den Bedingungen der Moderne eine hochattraktive Kulturform christlicher Verkündigung. Ebenso unerlässlich ist das, was in Kindergärten bis in die höheren Bildungsstätten von Erzieherinnen und Erziehern, von Religionspädagoginnen und Religionspädagogen und Religionslehrerinnen und Religionslehrern als Beitrag zur religiösen Bildung erbracht wird. Der Religionsunterricht fängt an religiöser Bildung vieles auf, was unter den gewandelten Bedingungen im Elternhaus nicht mehr geleistet wird, und er kann darüber hinaus vieles auch vertiefen. Die kulturprotestantische Hochschätzung der Pastorenkirche ist nicht hierarchisch zu denken, sie ist in einem religiösen Argument begründet. Was das Christentum den Menschen zu sagen hat, sagt es durch Personen. Pfarrerinnen und Pfarrer fungieren als personale Verkörperung der Kirche, sie sind ihre sichtbaren und darum exponierten Ansprechpartner. Die Ordination ist die rituelle Kenntlichmachung dieser Sichtbarkeit, sie stellt die Empfängerinnen und Empfänger hinein in eine Aufgabe mit einer langen Tradition. Es zählt zum Erbe der Reformation, die Ordination selbstverständlich nicht als Begründung eines Wesensunterschieds zu anderen Menschen zu verstehen. Die Unmittelbarkeit zu Gott ist eine der größten Errungenschaften der Reformation. Die Rede vom Priestertum aller Gläubigen wäre aber falsch verstanden, wenn damit auch alle Funktionsunterschiede eingeebnet würden. Damit würde man den Herausforderungen an Ausbildung und Berufsausübung nicht gerecht, die die personale Vermittlungsaufgabe der christlichen Botschaft stellt. Die Ausweitung der Ordination über das Pfarramt hinaus ist ein theologisch falsch ansetzender, traditionsvergessener, sich dem Zeitgeist anbiedernder Egalitarismus, der aus professionstheoretischen Erwägungen heraus ruinös und in ökumenischer Perspektive desaströs ist.

(3) Mit der Aufwertung der personalen Vermittlung geht der Rückbau der abstrakten Strukturen einher, die die Kirchen zu einer kafkaesken Anstalt werden lassen. Dass in einer Kirche, die einstmals als Protestbewegung gegen die Selbstverabsolutierung von Päpsten und Konzilen ausgezogen ist, heute offensichtlich die Überzeugung vorherrscht, die jeweils eigenen Landeskirchenämter seien allesamt unmittelbar von Jesus Christus eingesetzt,

ist überraschend selbstgefällig. Dass sich Kirchenleitungen um den institutionellen Erhalt der Kirche kümmern, wird ihnen niemand zur Last legen. Sie tun damit, was ihre Aufgabe ist. Sehr häufig geschieht dies aber in einer selbstbezüglichen und nahezu ausschließlich auf Selbsterhaltung ausgerichteten Weise. Für Soziologen mag das ein Forschungsbiotop für schier unerschöpfliche Beobachtungen sein. Luhmanniden können die Autopoiesis von Sozialsystemen studieren, die strikte Unterscheidung in ein Innen und Außen und der Rekurs auf eine Binnensprache dürfte der Sektenforschung neuen Auftrieb geben. Theologisch sind diese Entwicklungen enttäuschend, der Impuls des reformatorischen Kirchenverständnisses ist nicht mehr zu erkennen. Von einer christlichen Konfession, die von der Überzeugung lebt, dass das wahre Wesen der Kirche unsichtbar und der Geist des Christentums der Kraft des Windes zu vergleichen ist, sollte man eine weit größere Freiheit im Umgang mit ihren eigenen Strukturen erwarten.

Die Irritation setzt bereits in der Flächenstruktur ein. Die westdeutschen Landeskirchen haben seit 1945 keine Anstrengung unternommen, ihre Territorialgrenzen denen der neuen Bundesländer, wenigstens der Flächenstaaten, anzupassen. Man kann dies bestenfalls für die frühen Jahre damit erklären, dass die deutsche Teilung als Provisorium betrachtet wurde. Aber auch nach den Ostverträgen und schließlich nach der Wiedervereinigung hat sich nichts geändert. Noch immer orientieren sich viele westdeutsche Landeskirchen in ihrer territorialen Ausrichtung an frühneuzeitlichen Fürstentümern oder Entwicklungen des 19. Jahrhunderts, darunter auch an sich organisatorisch kaum lebensfähige Kleinkirchen. Man muss dahinter zwar nicht unbedingt bösen Willen gegenüber dem demokratischen Deutschland vermuten, eher handelt es sich um eine Art sentimentaler Konfessionsfolklore, die sich kleinstaatlichen Regionalpatriotismus auf ihre Fahnen schreibt. Fakt ist, dass es für die Effizienz in der Zusammenarbeit zwischen Kirche und Staat besser ist, wenn Kirchenleitung und Landesregierung über die jeweils entsprechenden Ansprechpartner auf den unterschiedlichen Verwaltungsebenen verfügen. Dass auch dieser längst fällige Pragmatismus der Angleichung der landeskirchlichen Strukturen von künftigen Entwicklungen überholt werden könnte, zeigen die Entwicklungen im Osten und im Norden der Republik. Die Nordkirche und die Kirche Mitteldeutschlands bilden schon nicht mehr die Struktur der Bundesländer ab.

Über die Oberflächenstruktur hinaus ist es die Summe administrativer Ansprüche und daraus resultierender Aufgaben, über die gründlich nachzudenken sich lohnt. Papst Benedikt XVI. hatte bei seinem letzten Deutschlandbesuch in der Freiburger Rede 2011 von der Entweltlichung der Kirche gesprochen. Benedikt XVI. ist an sich nicht die bevorzugte Referenzgröße liberaler Theologie, er selbst hat auch umgekehrt aus seinen Antipathien gegen den Kulturprotestantismus nie einen Hehl gemacht. Das ändert nichts daran, dass er mit der Rede von der Entweltlichung der Kirche etwas angestoßen hat, was auch Kulturprotestanten beschäftigt. Die Vielfalt der Aufgaben, die sich die Kirche in ökonomischer Perspektive aufhalst, macht ihren eigentlichen Auftrag bisweilen nahezu unkenntlich. Muss die Kirche Immobilien- und Grundbesitz im großen Stile verwalten? Es bindet Energien und Kräfte, die anderswo fehlen. Es kreiert Sorgen, die den freien Blick trüben – ein untrügliches Indiz für die ewige babylonische Gefangenschaft der Kirche.

Auch in der Art der Durchführung ist nicht alles beruhigend. Finanzskandale und Fehlinvestitionen kommen auch in professionellen Wirtschaftsunternehmen vor. In der Kirche mehren sich die Anzeichen, dass die dort vorkommenden Fälle selten aus Gier oder dem Wunsch nach individueller Bereicherung eintreten, sondern oftmals Symptome einer Überforderung und um sich kreisender Abgeschiedenheit sind. Von der Immobilienbewirtschaftung bis zur Öffentlichkeitsarbeit gibt es innerkirchlich noch viel Luft nach oben.

Von den Fesseln des gegenwärtigen Mitgliedschaftsrechts war schon die Rede. Niemand kann vernünftigerweise verlangen oder hoffen, dass die Kirchen über Nacht auf das Kirchensteuersystem verzichten werden. Aber es ist längst fällig, sich über Alternativen Gedanken zu machen. Gegenwärtig entsteht jedoch mehr der Eindruck, als würde viel theologischer und kirchenrechtlicher Scharfsinn für die pure Verteidigung des bisherigen Systems aufgewandt. Die Gründe mögen noch so stichhaltig sein, schon die erwartbare demographische Entwicklung weist in ökonomischer Perspektive auf, dass das bisherige Modell immer mehr Risse bekommen wird, bis es schließlich zur Kirchenfinanzierung nicht mehr hinreicht. Zudem ist es für eine Kirche, die mit theologischen Gründen in der Religionspraxis das

Individuum stärkt, dann auch theologisch geboten, über Zugehörigkeitsmodi zur Kirche nachzudenken, die dem individueller und besser entsprechen könnten. Interessante theologische Versuche gibt es durchaus. Martin Laube hat die Orientierung am Begriff der Lebensform vorgeschlagen. Damit ist eine Perspektive eröffnet, die das Regelhafte und Regelmäßige christlicher Einstellungen, Verhaltensweisen und Handlungen thematisiert, ohne einerseits in einen Individualismus oder andererseits in einen Institutionalismus zu verfallen.[16] Im Vergleich zum jetzigen System kann so eine größere Flexibilität und Elastizität eingeräumt werden, die sich auch eine Offenheit für die Realisierung christlicher Ideale außerhalb der Kirche bewahrt. Die entscheidende Aufgabe wird nun freilich die sein, daraus ein praktikables Zugehörigkeits- und Kirchenfinanzierungssystem zu konstruieren. Das erfordert die gemeinsame Anstrengung vieler kluger Köpfe, die Energie und Mühe nicht darauf verwenden sollten, das Alte krampfhaft zu erhalten, sondern Neues zu schaffen im Dienste einer Aufgabe, die größer ist als die vorhandenen Strukturen. Sich daran erinnern zu lassen, ist bestes reformatorisches Erbe.

Weiter und Weite: Die Reformation als ökumenisches Prinzip

Der Sinn der Reformation als Prozess und Prinzip muss sich an der Spaltung der Konfessionen bewähren. Für den traditionellen kulturprotestantischen Optimismus ist die gegenwärtige ökumenische Situation eine herbe Herausforderung. Sie ist ein untrügliches Indiz dafür, dass es in der Menschheitsgeschichte nicht immer nur vorwärts geht. Die großen ökumenischen Aufbrüche des 20. Jahrhunderts haben sich zu Beginn des 21. Jahrhundert jäh abgebremst, manche sprechen von einer ökumenischen Eiszeit.

Der katholischen Kirche steht zwar ein charismatischer und aus gutem Grund beliebter Papst vor, den man ökumenisch sicher nicht als unaufgeschlossen bezeichnen kann, aber intern rumort es. Wenn emeritierte Kardinäle öffentlich vom Papst

Rechenschaft über seine Enzyklika *Amoris Laetitia* verlangen, wie im Herbst 2016 geschehen, ist das nur die Spitze des Eisbergs eines ewigen Antimodernismus innerhalb des Katholizismus. Gerade in der jüngeren Generation des potentiellen Priesternachwuchses sind rückwärtsgewandte Auffassungen erstaunlich populär. Die traurige Wahrheit, dass in der allseits beobachteten Rückkehr der Religion auch sehr viel Düsteres, Rückwärtsgewandtes, ewig Gestriges wieder nach oben kommt, macht auch vor der einzigen Weltkirche, die das Christentum hat, nicht halt. In diesen Kreisen wird der Protestantismus als Abfall von der wahren Lehre empfunden, Ökumene kann – wenn überhaupt – nur Rückkehr zur katholischen Kirche bedeuten.

Die orthodoxen Kirchen erscheinen in einem noch trüberen Licht. Untereinander hochgradig zerstritten, entpuppt sich das kirchliche Modell einer Gemeinschaft autokephaler Kirchen als scheinbar zu schwach, um die Rückkehr niederer Nationalismen und Vormachtsansprüche zurückdrängen zu können. Von Haus aus in einem angespannt ablehnenden Verhältnis zur Moderne, wird daraus nicht selten in einer seltsamen politischen Mixtur eine blank antiwestliche Haltung, die zur Verklärung orthodoxer Christlichkeit als allein unverdorbener Hüterin christlicher Wahrheit führt. Selbst das panorthodoxe Konzil, das 2016 von vermeintlich moderaten orthodoxen Kirchen unterstützt wurde, ringt letztlich doch irgendwie vergeblich um eine positive Bewertung der modernen Kultur.[17] Notwendigerweise kühlt sich darum das Verhältnis zum Protestantismus rasant ab, der Gefrierpunkt ist, so könnte man meinen, schon lange unterschritten.

Der Protestantismus, einstmaliger Motor der ökumenischen Bewegung, arbeitet sich unermüdlich an versagten Gesten der anderen Kirchen ab. Alle Jahre wieder erscheint ein katholisches oder auch orthodoxes Dokument, das die protestantischen Kirchen zu kirchlichen Gemeinschaften degradiert und im Amtsverständnis oder anderswo eine geringere Fülle göttlicher Heilsgegenwart diagnostiziert, alle Jahre wieder reagieren Protestanten darauf reflexhaft im Modus beleidigter Gekränktheit, ohne kaum darüber nachzudenken, dass das, was in jenen Dokumenten als Kirche im vollem Sinne des Wortes bezeichnet wird, für ein protestantisches Kirchenverständnis niemals erstrebenswert sein kann. Mit Mut und Phantasie könnte man darum die vermeintlichen Degradierungen auch als eigentlichen

Adelsschlag lesen und offensiv damit umgehen. Das, was dort unter Kirche verstanden wird, geht an der protestantischen Überzeugung vorbei. Die Haltung beleidigter Kränkung hat man stattdessen in den letzten Jahren in eine Ökumene der Profile transponiert, eine Art schiedlicher Selbstabschließung in sich selbst. Dabei unterlaufen Fehler. Es ist sicher richtig, dass man gegenwärtig in den orthodoxen Kirchen auf eine reduzierte ökumenische Gesprächsbereitschaft trifft, dafür sind zweifelsohne vorrangig hausgemachte Probleme der Orthodoxie verantwortlich. Man transportiert aber ebenso hausgemachte Probleme des Protestantismus in diese Gespräche hinein, wenn man Protestantismus mit politischen und sexualethischen Programmen verwechselt. Die rasante Anerkennung homosexueller Lebensformen im Westen ist eine Leistung politischer und gesellschaftlicher Toleranz, sie darum nun als Kern der christlichen Botschaft verkaufen zu wollen, ist theologisch unsinnig. Mit demselben Grund, mit dem der Protestantismus der Orthodoxie mit dem Verdacht ewiger Rückständigkeit begegnet, kann die Orthodoxie dem Protestantismus als oberflächlichem Zeitgeistphänomen entgegentreten.

Omnis determinatio est negatio – die Weisheit, dass alle Bestimmung offensichtlich nur über die Negation funktioniert, lehrte schon Spinoza. In der Ökumene der Profile kommt sie zu fataler Anwendung. Evangelisch ist darum schon gut, weil es nicht katholisch ist. Man vergisst, dass Tillich schon vor über einem halben Jahrhundert davor gewarnt hat, das protestantische Prinzip auf einen bloßen Antikatholizismus zu reduzieren. Denn damit wäre es kraftlos. Und doch ist der Antikatholizismus bisweilen eine Art zweiter Natur des Protestantismus. Dass sich 1999 deutsche Hochschullehrerinnen und Hochschullehrer zu einer Erklärung zusammenfanden, die die Gemeinsame Erklärung zur Rechtfertigung ablehnte, ist in der jüngeren Geschichte der deutschen protestantischen Theologie einer der trüberen Momente. Die deutsche protestantische Theologie dokumentierte damit, warum die Weltgeltung, die sie einstmals hatte, seit langem verloren war. Oberlehrerhaft monierte man Schwachstellen in der Lutherinterpretation und erkannte die Zeichen der Zeit nicht. Und wenn die Gemeinsame Erklärung nur ein Dokument des guten ökumenischen Willens gewesen wäre, sie wäre schon allein darum unterstützenswert gewesen.

Das Gezänk um die Gemeinsame Erklärung ist

auch noch in einer anderen Hinsicht für die ökumenische Bewegung folgenreich. Es bedeutet das Ende der Konsensökumene und der dogmatischen Übereinstimmungserzielung. Es war eine an sich bewundernswerte Anstrengung in den letzten Jahrzehnten des 20. Jahrhunderts, die gegenseitigen Verwerfungen und Lehrverurteilungen genauer zu untersuchen, um im Lichte gegenwärtiger theologischer Einsichten mögliche Konsense zu formulieren. Man gelangte auf diesem Weg erstaunlich weit, wenigstens zwischen Katholizismus und einigen lutherischen Kirchen zeichnete sich am Horizont die fast vollständige Stilllegung kirchentrennender Lehrbestände ab. Ernüchternd war die Rezeption. Aus jeder Kirche standen Wächter der rechten Lehre auf, die etwas zu bemängeln hatten oder den Konsens für völlig unannehmbar hielten. So ist es bis heute. Es kann von gut wollenden Menschen mit viel dogmatischer Mühe der Entwurf einer Einigung oder eines Weges vorgelegt werden, wie eine Einigung zu erzielen sei und was bis dahin noch fehlt, es stehen immerfort protestantische, katholische oder orthodoxe Gralshüter auf, die dagegen ihre Stimme erheben. Wer etwas Übung und Einsicht hat, kann inzwischen mit Präzision vorhersagen, wer welchem Konsensvorschlag mit welcher Argumentation widersprechen wird. Der verdienstvollen Mühe, die Dokumente wachsender Übereinstimmung zu sammeln, könnte man genauso gut Dokumente wachsender Zerstreitung und Abschottung an die Seite stellen.

Der Mensch wächst bekanntlich mit seinen Aufgaben. Die gegenwärtige ökumenische Lage stimmt per se nicht leicht hoffnungsfroh, umso mehr muss man sich an das Hoffnungsvolle halten. Falken und ewig Gestrige gibt es in allen Konfessionen. Von ihnen darf man sich nicht aufhalten lassen. Man muss diese Menschen einfach stehen lassen und weitergehen, immer weiter mit den Menschen, die – wie Johannes XXIII. es einst in der unüberbietbar schönen Formulierung sagte – guten Willens sind, und diese Menschen gibt es unter Orthodoxen, Katholiken und Protestanten. Viele Lichtblicke gibt es daher auch in der praktischen Zusammenarbeit. Hier hat sich vieles zum Guten gewendet, auch und gerade auf der Ebene der Gemeinden. Das Ihre kann auch die Theologie dazu beitragen. Obgleich die Vorbereitungen auf das Reformationsjubiläum anfangs das Schlimmste befürchten ließen und auf einen Rückfall in einen platten Hurraprotestantismus hinausliefen, ist es um so erfreulicher, dass man das

Steuer noch herumgerissen hat und die ökumenische Dimension in den Blick genommen hat. Das Reformationsjubiläum ist eine Chance, über den Sinn der Reformation für das gesamte Christentum nachzudenken.

Der Verlust der Einheit des Christentums ist ein trauriges, aber letztlich notwendiges Geschehen. Es ist die unabdingbare Folge jenes ewigen Protests, der sich dauerhaft in der Geschichte des Christentums erhebt. Er richtet sich gegen die Selbstsicherheit, über das Heilige verfügen zu können. Die Vielfalt der Konfessionen durchzieht das Christentum von seinen Anfängen an, die Reformation ist daher nicht der einzige, sondern der tiefste Einschnitt für das westliche Christentum. Die anderen Konfessionen stellen immer auch die je eigene Fassung, christlich zu leben, in Frage. Dafür hat das Christentum in seiner Geschichte einen hohen Blutzoll entrichtet. Die Religion, deren Begründer den Friedfertigen Seligkeit verhieß, hat unverkennbar nicht nur aggressive, sondern auch autoaggressive Züge. In einer sehr langen und mühevollen Lerngeschichte kam nach dem Wüten des konfessionellen Zeitalters das Christentum jedenfalls in seinen würdigsten Erscheinungsformen zur Vernunft. Die konfessionelle Vielfalt hält dem je eigenen Christentum immer auch einen Spiegel vor, in dem zu sehen ist, was der eigenen Verwirklichung des Christentums fehlt – notwendig fehlen muss. Denn das Christentum lebt aus einer heiligen Kraft, die unerschöpflich ist. Notwendigerweise äußert sie sich in einer Vielfalt von kulturellen Ausdrücken und Lebensformen.

Es ist ein gutes Anliegen, in all der Vielfalt danach zu suchen, was man mit den anderen Konfessionen gemeinsam hat. Es ist ein noch besseres Anliegen, das Unterscheidende friedlich und als nicht trennend in versöhnter Verschiedenheit stehen zu lassen. Es ist die höchste Kunst ökumenischer Theologie, den anderen stark zu machen und in den anderen Konfessionen Erscheinungsformen göttlicher Gegenwart zu suchen, die die eigene Gestalt des Christentums nicht kennt, verloren hat oder nie hatte. Die Vielfalt der Konfessionen bildet das Unerschöpfliche des Heiligen ab und eben darin liegt in aller Unruhe der vielen Christentümer ein tiefer Trost: Das Christentum ist immer sehr viel mehr als das, was Menschen daraus machen können.

Nach Jahrhunderten der Kontroverstheologie sind Theologinnen und Theologen aller Konfessionen üblicherweise als Dobermänner ausgebildet, die riechen, was an der anderen Konfession falsch ist. Man lernt, wo man reinbeißen muss. Ökumenische Theologie ist eine Hundeschule höherer Ordnung, die wenigstens das Beißen abzugewöhnen und einen gemeinsamen Aufenthalt aller Konfessionen auf der großen Wiese des Herrn verträglich zu gestalten versucht. Das Starke und Große in den anderen konfessionellen Erscheinungsformen aufzusuchen, ist eine vollständige Umkehrung der Blickrichtung, es gleicht im angewandten Bild den alttestamentlichen Visionen des großen Tierfriedens.

Die Aufgabe ist groß und doch nicht schwer, wenn man die Beschränkungen konfessioneller Kleinkariertheit hinter sich zu lassen in der Lage ist. Die Augen öffnen sich von selbst. Die katholische Kirche lebt aus einem zentralen Gedanken. Das an sich unfassbare Heilige bindet sich in seiner Erscheinung in der Welt verlässlich an die sichtbare Gestalt der Kirche. In ihr ist die Fülle des den Menschen zugänglichen Heils geborgen, mit ihr wandert das Gottesvolk durch den Lauf der Zeit. Das ist theologisch ein Gedanke von edler Schönheit. Das Göttliche verliert sich nicht im Unfassbaren, sondern ist gebunden an das Versprechen seiner bleibenden Gegenwart, garantiert in der Sendung der Kirche. Diese offenbarungstheologische Sicherheit macht Gott in der frommen Vorstellungswelt zu einer ansprechbaren Person. An ihn kann man sich wenden, ihn kann man bitten. Das Votivreligiöse ist das Herzstück katholischer Volksfrömmigkeit, sie gibt dem Katholizismus eine warme und gütige Seite. In Gebeten steigt zum Himmel auf, was auf dieser Welt unerlöst, bedrängt, geängstigt oder aber auch erhebend dankbar gestimmt ist. Darin nimmt der Katholizismus in sich anthropologisch wichtige Formen außer- und vorchristlicher Religiosität auf.

Das orthodoxe Christentum teilt die Auffassung von der Bindung des Heiligen an die Kirche, es wahrt aber gleichzeitig in einem stärkeren Sinne das bleibende Geheimnis. Die Gegenwart Gottes in der Welt ist vor allem die seines heiligen Geistes, der in Kirche, Mensch und Natur wirkt. Religion ist vorrangig die Praxis liturgischer Vergegenwärtigung des göttlichen Geistes, Frömmigkeit konzentriert sich auf die Feier und Verehrung dieser Gegenwart und bringt Sinnlichkeit und Spiritualität in einer tiefen Weise zusammen. Die offiziell theologisch ablehnende Haltung zur Moderne wird viele Male durch Aufforderung zu einem friedvollen Umgang mit der Welt abgefedert.

Der Protestantismus verlegt die Erscheinung des Heiligen in die Seele der Glaubenden. Nicht in der Institution, sondern im Individuum lebt Gott in unmittelbarer Gegenwart. Das erhebt den Menschen zu einer Freiheit von allen religiösen Formen, sie erfüllen nur mittelbare Dienste. Zu leben ist das unmittelbare Gottesverhältnis nicht an besonderen Orten und zu besonderen Zeiten, sondern Tag für Tag im Alltag. Frömmigkeit ist Kontemplation des Einzelnen, sein Nachdenken, sein Sich-Besinnen auf den göttlichen Grund der Welt und sein Bemühen, sein Leben nach Kräften an dieser Gewissheit im Denken und Tun zu orientieren.

Die überwiegende Zahl der Christinnen und Christen wächst in ihre Konfession hinein, die Zugehörigkeit zum Katholizismus, zur Orthodoxie oder zum Protestantismus ist meist so kontingent wie die Geburt selbst. In den meisten christlich geprägten Ländern ist die Konfessionszugehörigkeit erfreulicherweise kein unabänderliches Schicksal, man kann sie theoretisch wechseln oder auch ganz aufgeben, in Lateinamerika gab es unter dem Ansturm der Pfingstkirchen hohe Konversionsbewegungen, in Asien und Afrika bekehren sich Menschen neu zum Christentum. Dennoch bleibt es ein Faktum, die je eigene Religiosität ist dem Menschen etwas an sich Undurchsichtiges, es haftet an ihr die Aura des Kontingenten. Es ist eine schätzenswerte Form der Loyalität gegenüber seiner eigenen Herkunft, an der mit ihr eingeschlagenen religiösen Lebensrichtung festzuhalten, sie zu ehren und sie mit Gründen sich selbst plausibel zu machen und auch nach außen zu vertreten. Klein ist es jedoch gedacht, das, was uns selbst nur zugefallen ist und wohin wir hineingestellt sind, durch die Kontingenz unserer Lebensumstände als die einzig mögliche Wahrheit absolut zu setzen. Wir ehren in anderen Konfessionen das, was unser eigenes Leben religiös vielleicht auch hätte sein können. Wir erkennen Eigenes wieder und entdecken Neues und Anderes dazu. Ein nächster Schritt der Ökumene wäre darum ein offener und gastfreundlicher Umgang miteinander in der Religionspraxis. Warum sollte beispielsweise ein Münchner Protestant nicht ab und zu ein Pontifikalamt im Frauendom aufsuchen dürfen? Er kann dort gute Predigten hören und in einer stilsicheren Liturgie in die Beruhigung einer alten Tradition abtauchen, die ihm Erholung von den gelegentlichen Strapazen evangelischer Familiengottesdienste bietet. Auf der Liste liberaler Kulturprotestanten, die gerade als Kulturprotestanten gewisse Sympathien für den Katholizismus hegen, stehen prominente Namen wie Rudolf Otto und Paul Tillich. Die bereichernden Möglichkeiten zu offener Gastfreundschaft zwischen den Konfessionen sind vielfältig.

Vieles ist an der je anderen Erscheinungsform des Christentums freilich fremd und wird dies immer bleiben. Eine Lerngeschichte der Konfessionen kann nicht heißen, das Andere und Fremde in die eigene Religionspraxis einfach mühelos hineinzunehmen. Formen etwa katholischer Marienfrömmigkeit oder orthodoxer Ikonenverehrung bleiben üblicherweise für ein protestantisches Gemüt fremd bis sogar irritierend, Erscheinungsformen protestantischer Weltfrömmigkeit müssen Katholiken und Orthodoxen profan erscheinen. Die Liste bleibender Fremdheiten führt tief hinein auch in die Theologie, wo Unterschiede unüberbrückbar sind. Dem Protestantismus muss naturgemäß die offenbarungstheologische Aufladung der Institution Kirche unheimlich bleiben, weil er die Gefahr des Missbrauchs und der institutionellen Selbstverabsolutierung wittert. Katholiken und Orthodoxe beäugen von ihrer Warte her die protestantische Gottunmittelbarkeit als einen subtilen Subjektivismus, der den Menschen überhöht. Von den anderen zu lernen kann darum nicht heißen, alles zu übernehmen. Der Sinn der Reformation liegt im Widerstreben gegen eine Vereinheitlichung der Christentümer. Ihre Vielfalt ist begründet in einer Art geschichtstheologischer Arbeitsteilung, in der jeder Erscheinungsform des Christentums die Aufgabe zukommt, die sie prägenden Gewissheiten der göttlichen Präsenz in der Welt an dem Ort zu leben, in den sie hineingestellt wurde. Der ewige Protest erinnert daran, dass das Christentum jeweils dies und doch auch immer noch viel mehr ist. Mit der Aufgabe, das Göttliche in der Welt darzustellen und von seiner Gewissheit zu leben, kommt das Christentum in seiner Geschichte nie zu Ende. Darum gehört die Reformation allen.

Religion für freie Geister

„Protestantismus – das ist der Traum einer Religion für freie Geister."[18] Über dieses Fazit hinaus, mit dem Ulrich Barth Überlegungen zur Zukunft des Protestantismus beschließt, lässt sich nichts Treffenderes zum Wesen des Protestantismus sagen. Er gründet in der Freiheit, aus und von etwas zu leben, was größer ist als der Mensch und darum auch größer als Lehren, Moralvorstellungen, religiöse Bräuche und die Grenzen der Kirchen. Historisch tritt der Protestantismus auf im Zeitalter der Reformation und formt konfessionell geprägte Kirchentümer aus, die heute die weit verzweigte Konfessionsfamilie des Protestantismus ausmachen. 500 Jahre Reformation bedeutet, dass es keinen Weg zurück gibt in ein vermeintlich goldenes Zeitalter. Die Geschichte fließt, Luther kann nicht beantworten, was Menschen heute fragen. Die 500 Jahre Reformation erinnern vielmehr daran, dass der Protestantismus sich einem Prozess und Prinzip verdankt, das nicht den Grenzen verfasster Kirche unterzuordnen ist. Die Reformation ist kein Ereignis, sie ist eine Haltung. Protestantische Gesinnung engagiert sich mit Gewissenhaftigkeit und Sorgfalt für die Zukunft ihrer institutionellen Herkunft, sie ist darin jedoch frei von der kleingläubigen Sorge, dass alles so bleiben muss, wie es ist. Die protestantische Haltung sieht in den anderen Kirchen Verwirklichungen des unerschöpflich Heiligen, von dem sie selbst auch lebt – aber anders. Die liberale und kulturprotestantische Haltung schließlich ist offen für die vielfältigen Erscheinungsformen des Heiligen in der Kirche, in der Geschichte der Menschen, in der Kultur und in der Natur. Der Kulturprotestantismus zeigt sich in der unermüdlichen Tapferkeit der Weltgestaltung, die im Vertrauen auf eine der Welt eingelassene Güte dem Absurden in der Welterfahrung widersteht, er ist getragen von der Gewissheit einer Tiefe unseres Daseins, die allem Banalen und Seichten widerspricht. In dieser Tapferkeit und in dieser Überzeugung ist der Protestantismus als ewiger Protest eine Religion für freie Geister – und davon gibt es viele.

ENDNOTEN

1 Heinz Scheible, Melanchthon. Eine Biographie, München 1997, S. 263.

2 Vgl. Martin Luther, De captivitate babylonica ecclesiae, in: Ders., Lateinisch-Deutsche Studienausgabe. Band 3. Die Kirche und ihre Ämter, Leipzig 2009, S. 300 (= WA 6, 544).

3 Vgl. zu Entstehung und Geschichte der Formel: Theodor Mahlmann „Ecclesia semper reformanda". Eine historische Aufarbeitung, in: Torbjörn Johansson, Robert Kolb, Johann Anselm Steiger (Hg.), Hermeneutica Sacra. Studien zur Auslegung der Heiligen Schrift im 16. und 17. Jahrhundert, Berlin/New York 2010, S. 382–441.

4 Vgl. Albrecht Beutel, Johann Joachim Spalding. Meistertheologe im Zeitalter der Aufklärung, Tübingen 2014.

5 Richard Rothe, Theologische Ethik. Band III, Wittenberg, zweite Auflage 1870, S. 183 (§ 579, Klammer im Original).

6 Stille Stunden. Aphorismen aus Richard Rothes handschriftlichem Nachlass, Bremen, zweite, durch eine ‚Neue Folge' vermehrte Auflage 1888, S. 340.

7   Vgl. Volker Drehsen, Vision eines kirchenfreien, ethischen Zeitalters des modernen Christentums, in: Berliner Theologische Zeitschrift 11 (1994), S. 216 (im Anschluss an J. Hoppe).

8   Paul Tillich, Die protestantische Ära, in: Ders., Der Protestantismus als Kritik und Gestaltung. Gesammelte Werke VII, Stuttgart 1962, S. 28.

9   Vgl. Hartmut Lehmann, Luthergedächtnis 1817 – 2017, Göttingen 2012.

10 Vgl. Vernetzte Vielfalt. Kirche angesichts von Individualisierung und Säkularisierung. Die fünfte EKD-Erhebung über Kirchenmitgliedschaft. Hg. von Heinrich Bedford-Strohm und Volker Jung. Gütersloh 2015.

11 Vgl. Wolfgang Schäuble, Protestantismus und Politik, München 2017.

12 Dietrich Bonhoeffer, Widerstand und Ergebung. Briefe und Aufzeichnungen aus der Haft. Werke Band 8, Gütersloh 1998, S. 415 (Brief 139 vom 5. Mai 1944 an Eberhard Bethge).

13 Vgl. Gerd Theißen/Petra von Gemünden, Der Römerbrief. Rechenschaft eines Reformators, Göttingen 2016, S. 27–52.

14 Václav Havel, Briefe an Olga. Betrachtungen aus dem Gefängnis, Reinbek 1989, S. 285.

15 Ernst Troeltsch, Die Soziallehren der christlichen Kirchen und Gruppen. Gesammelte Schriften. Erster Band, Tübingen 1922, S. 979.

16 Vgl. Martin Laube, Religion als Praxis. Zur Fortschreibung des christentumssoziologischen Rahmens der EKD-Mitgliedschaftsstudien, in: Vernetzte Vielfalt (s. Anm. 10), S. 45–49.

17 Vgl. Enzyklika des Heiligen und Großen Konzils der Orthodoxen Kirchen, Kreta 2016, in: Una Sancta 71 (2016), S. 242.

18 Ulrich Barth, Gedanken zur Zukunft des Protestantismus, in: Ders., Aufgeklärter Protestantismus, Tübingen 2004, 396.

Copyright © Claudius Verlag, München 2017
www.claudius.de

Alle Rechte vorbehalten. Das Werk darf – auch teilweise –
nur mit Genehmigung des Verlages wiedergegeben werden.
Umschlaggestaltung: Weiss Werkstatt, München
Layout: Mario Moths, Marl
Gesetzt aus der Officina Sans ITC und der Rotis Sans Serif
Autorenfoto: © privat
Druck: GGP Media GmbH, Pößneck

ISBN 978-3-532-62496-8